Książka kucharska z klopsikami

100 PRZEPISÓW NA DOMOWE KLOPSIKI

Alex Kaczmarek

Wszelkie prawa zastrzeżone.

Zastrzeżenie

Informacje zawarte w tym eBooku mają służyć jako kompleksowy zbiór strategii, na temat których autor tego eBooka przeprowadził badania. Streszczenia, strategie, porady i triki stanowią jedynie rekomendację autora i przeczytanie tego eBooka nie gwarantuje, że uzyskane wyniki będą dokładnie odzwierciedlać wyniki autora. Autor eBooka dołożył wszelkich starań, aby zapewnić czytelnikom eBooka aktualne i dokładne informacje. Autor i jego współpracownicy nie ponoszą odpowiedzialności za jakiekolwiek niezamierzone błędy lub pominięcia, które mogą zostać znalezione. Materiał zawarty w eBooku może zawierać informacje pochodzące od osób trzecich. Materiały stron trzecich zawierają opinie wyrażone przez ich właścicieli. W związku z tym autor eBooka nie ponosi odpowiedzialności za jakiekolwiek materiały lub opinie osób trzecich. Niezależnie od tego, czy chodzi o rozwój Internetu, czy też o nieprzewidziane zmiany w polityce firmy i wytycznych dotyczących publikacji, to, co zostało uznane za fakt w chwili pisania tego tekstu, może później stać się nieaktualne lub nie mieć zastosowania.

EBook objęty jest prawami autorskimi © 2024, wszelkie prawa zastrzeżone. Rozpowszechnianie, kopiowanie lub tworzenie dzieł pochodnych na podstawie tego eBooka w całości lub w części jest nielegalne. Żadna część tego raportu nie może być powielana ani retransmitowana w jakiejkolwiek formie bez pisemnej i podpisanej zgody autora.

SPIS TREŚCI

SPIS TREŚCI..**4**

WSTĘP..**8**

WEGAŃSKIE KLOPSIKI..**11**

    1. Kulki tofu..12
    2. Wegański makaron jednogarnkowy z klopsikami........15
    3. Pieczone w piekarniku wegańskie kulki mięsne.............18
    4. Bezmięsne Klopsiki..21
    5. Wegetariańskie Klopsiki.......................................24
    6. Klopsiki z cytrynowo- oregano................................27
    7. Pulpety z Soczewicy...30
    8. Naśladowane kulki warzywne z Ikei.........................32
    9. Klopsiki z komosy ryżowej....................................35
    10. Pikantne klopsiki z ciecierzycy..............................38
    11. Wegańskie klopsiki grzybowe................................41
    12. Spaghetti z warzywami i kulkami mięsnymi...............45
    13. Kulka warzywna pod..48

KLOPSIKI JAGNIĘCE..**51**

    14. Marokańskie klopsiki...52
    15. Perskie klopsiki jagnięce......................................55
    16. Węgierskie klopsiki..58
    17. Bliskowschodnie klopsiki jagnięce..........................61
    18. Kefta egipska...63

KLOPSIKI Z DZIKIEGO MIĘSA..**65**

    19. Koreańskie kulki mięsne......................................66
    20. Zupa z klopsików z dziczyzny................................69
    21. Koktajlowe klopsiki z łosia...................................72

KLOPSIKI WOŁOWE..**75**

22. Jesienne klopsiki..........76
23. M. eatball stroganoff..........79
24. Karaiby klopsy..........82
25. Curry klopsiki..........86
26. Francuskie klopsiki cebulowe..........89
27. Klonowe Klopsiki..........91
28. Zjem ciasto pasterskie..........94
29. Paghetti z klopsikami..........97
30. Pyskaty azjatyckie klopsiki..........100
31. Klopsiki i sos do spaghetti..........103
32. Pulpety z makaronem w jogurcie..........106
33. Stracciatelle z klopsikami..........109
34. Zupa z klopsikami i ravioli..........112
35. Bułgarska zupa z klopsikami..........115
36. Jem kulki i frankfurterki..........118
37. Klopsiki z Manhattanu..........120
38. Wietnamskie klopsiki..........123
39. Szwedzkie przystawki z kulkami mięsnymi..........126
40. Kofta afgańska..........129
41. Polinezyjskie klopsiki..........131
42. Greckie klopsiki..........134
43. Szkockie kulki mięsne..........136
44. Hawajskie klopsiki..........139
45. Ukraińskie klopsiki „bitki"..........142
46. Rosyjskie klopsiki mięsne..........145
47. Śródziemnomorskie klopsiki..........148
48. Greckie klopsiki mięsne..........151
49. Łatwe szwedzkie klopsiki mięsne..........153
50. Gulasz z klopsików z Ghany..........156
51. Klopsiki z przystawką z Dalekiego Wschodu..........159
52. Libańskie klopsiki..........162
53. Kantońskie klopsiki mięsne..........165
54. Świąteczne klopsiki koktajlowe..........168
55. Żurawinowe klopsiki koktajlowe..........171

56. Wino Klopsiki..........174
57. Chuletas..........177
58. Ocierające się klopsiki na imprezę..........179
59. Gorące kanapki z klopsikami..........182
60. Substytuty klopsikowo-bakłażanowe..........184
61. Kanapki bohaterskie z klopsikami..........187
62. Substytuty klopsikowo-bakłażanowe..........190
63. Zupa meksykańska z klopsikami tortilla..........193
64. Zupa cytrynowa z klopsikami..........195
65. Klopsiki nadziewane kuchnią śródziemnomorską..........198
66. Klopsiki nadziewane oliwkami..........201
67. Kulki z kiszonej kapusty..........204
68. Włoski gulasz z klopsikami..........207
69. Bułgarska zupa z klopsikami..........210
70. Orientalna sałatka z klopsikami..........213
71. Klopsiki zawijane w bekon..........216

MIESZANKA WIEPRZOWNI I WOŁOWINY..........218

72. M jemy klopsiki w sosie śmietanowym..........219
73. Sopa de albondigas..........222
74. Klopsiki na przystawkę chipotle..........225
75. Kalifornijskie klopsiki i papryka..........228
76. Niemieckie klopsiki mięsne..........231
77. Skandynawskie klopsiki..........234
78. Belgijskie klopsiki duszone w piwie..........237

KLOPSIKI Z INDYKA I KURCZAKA..........240

79. Pieczone rigatoni i klopsiki..........241
80. Pieczone penne z klopsikami z indyka..........244
81. Klopsiki i makaron na skróty..........247
82. Norweskie klopsiki z kurczaka..........250
83. Spaghetti z klopsikami z indyka..........253
84. Francuskie klopsiki..........256
85. Indyk i farsz klopsiki..........259

86. Pulpety nadziewane serem..........262
87. Kulki sałatkowe z kurczakiem..........265

KLOPSKI WIEPRZOWE..........267

88. Placki z mozzarellą i spaghetti..........268
89. Walijskie klopsiki z grilla..........271
90. Chrupiące niemieckie klopsiki..........274
91. Meksykańskie kulki mięsne..........277
92. Jem kulki w galarecie winogronowej..........280
93. Pikantne tajskie klopsiki z makaronem..........283
94. Azjatycka zupa z klopsikami..........286
95. Włoska kanapka z klopsikami..........289
96. Duńskie klopsiki mięsne..........292
97. Indonezyjskie klopsiki..........294
98. Kulki szynkowo-burgerowe z batatami..........297
99. Zupa z klopsików imbirowych i rzeżuchy..........300
100. Duńskie klopsiki z sałatką z ogórka..........303

WNIOSEK..........306

WSTĘP

Klopsiki to potrawa, która sama się definiuje: to dosłownie kulka mięsa. Zanim jednak zaczniesz zgarniać kawałki mielonej wołowiny na patelnię i nazywać swój smutny obiad „klopsikami", cofnijmy się o krok.

Dowiedz się, jak samodzielnie zrobić proste klopsiki w domu i ugotuj je tak, aby były idealnie zarumienione na zewnątrz, ale nadal soczyste w środku. Oto kilka trików i wskazówek dotyczących doskonałych klopsików:

Mięso Mielone

Możesz użyć dowolnego mięsa mielonego lub mieszanki mięsa mielonego, którą lubisz. Ulubionym daniem fanów jest mieszanka mielonej wołowiny i wieprzowiny. Mielona jagnięcina, indyk, kurczak, cielęcina lub bawół również są uczciwą zwierzyną łowną.

Bułka tarta i spoiwo mleczne

Jednym ze sposobów zapewnienia całkowitej miękkości klopsików po ugotowaniu jest użycie spoiwa. Spoiwo to pomaga dodać wilgoci do klopsików, a także zapobiega kurczeniu się i twardnieniu białek mięsnych.

Unikaj nadmiernej obróbki mięsa

sposobem na delikatne klopsiki jest nieobrabianie mięsa — wymieszaj mięso ze spoiwem i innymi **składnikami** tylko do momentu ich połączenia.

Pieczenie a gotowanie klopsików

Masz dwie możliwości: upiec je lub ugotować na wolnym ogniu w sosie. Pieczenie to najlepsza opcja, jeśli planujesz podać klopsiki w czymś innym niż sos lub jeśli planujesz zamrozić klopsiki na później. Pieczenie nadaje również klopsikom nieco więcej smaku, ponieważ ich zewnętrzna część przypieka się pod wpływem ciepła piekarnika.

Jeśli planujesz podawać klopsiki z sosem, możesz je również ugotować razem z sosem. Dzięki temu delikatnemu gotowaniu nie tylko powstają jedne z najdelikatniejszych i najbardziej aromatycznych klopsików, jakie kiedykolwiek jadłeś, ale także sos staje się bogatszy i bardziej pikantny.

WEGAŃSKIE Klopsiki

1. Kulki tofu

Składniki :

- 6 szklanek wody; wrzenie
- 5 szklanek Tofu; rozdrobniony
- 1 szklanka bułki tartej pełnoziarnistej
- $\frac{1}{4}$ szklanki Tamari
- $\frac{1}{4}$ szklanki drożdży odżywczych
- $\frac{1}{4}$ szklanki masła orzechowego
- Zamiennik jajka na 1 jajko
- $\frac{1}{2}$ szklanki cebuli; drobno posiekane
- 4 Ząbki czosnku; prasowany
- 1 łyżeczka tymianku
- 1 łyżeczka bazylii
- $\frac{1}{4}$ łyżeczki nasion selera
- $\frac{1}{4}$ łyżeczki goździków; grunt

Wskazówki:

a) Do wrzącej wody wrzuć całą filiżankę pokruszonego tofu z wyjątkiem 1. Wyciśnij tofu.

b) Dodaj resztę Składniki dodajemy do sprasowanego tofu i dobrze mieszamy.

c) Ukształtuj uformuj kulki wielkości orzecha włoskiego i ułóż je na dobrze naoliwionej blaszce z ciasteczkami.

d) Piec w temperaturze 350 stopni przez 20-25 minut lub do momentu, aż kulki będą twarde i brązowe. Jeśli to konieczne, obróć je raz podczas pieczenia.

2. Wegański makaron jednogarnkowy z klopsikami

Składniki :

- 250 g gotowanych różyczek kalafiora
- 200 g mrożonego, posiekanego szpinaku, rozmrożonego
- 400 g czarnej fasoli z puszki, odsączonej
- 2 ząbki czosnku, zmiażdżone lub starte
- 2 łyżeczki sosu sojowego
- 1 łyżeczka mieszanki suszonych ziół
- 150 g płatków owsianych
- sos

Wskazówki:

a) Ugotuj różyczki kalafiora w garnku z wrzącą wodą.

b) Do miski zetrzeć kalafior, dodać szpinak, fasolę, czosnek, sos sojowy i mieszankę ziół. Wymieszaj mieszaninę za pomocą tłuczka do ziemniaków, aby uzyskać szorstką pastę.

c) Zmiksuj płatki owsiane na drobny proszek, następnie dodaj do miski i wymieszaj do połączenia. Zwiń mieszaninę w kulki.

d) Smażyć kulki warzywne partiami na złoty kolor. Na patelnię wlewamy sos, a na wierzch układamy suszony makaron. Upiec

3. Pieczone w piekarniku wegańskie kulki mięsne

Składniki :

- 1 łyżka zmielonych nasion lnu
- 1/4 szklanki + 3 łyżki bulionu warzywnego
- 1 duża cebula, obrana i pokrojona na ćwiartki
- 2 ząbki czosnku, obrane
- 12 uncji (0,75 funta) / 340 gramów mięsa roślinnego Impossible Burger
- 1 szklanka bułki tartej
- 1/2 szklanki wegańskiego parmezanu
- 2 łyżki świeżej pietruszki, drobno posiekanej
- Sól i pieprz do smaku
- Olej kuchenny w sprayu (w przypadku gotowania na płycie kuchennej)

Wskazówki:

a) Dodaj cebulę i czosnek do robota kuchennego i zmiksuj na puree.

b) Do dużej miski dodaj jajko lniane, 1/4 szklanki bulionu warzywnego, puree z cebuli i czosnku, mięso roślinne Impossible Burger, bułkę tartą, wegański parmezan, pietruszkę oraz szczyptę soli i pieprzu. Dobrze wymieszaj, aby połączyć.

c) Z wegańskiej mieszanki klopsików uformuj 32 kulki.

d) Ułóż wegańskie klopsiki na wyłożonej papierem blasze do pieczenia i piecz w piekarniku przez około 10 minut lub do złotego koloru.

4. Bezmięsne Klopsiki

Składniki :

- 1 łyżka oliwy z oliwek
- 1 funt świeżych białych grzybów
- 1 szczypta soli
- 1 łyżka masła
- ½ szklanki drobno posiekanej cebuli
- 4 ząbki czosnku, posiekane
- ½ szklanki szybko gotujących się płatków owsianych
- 1 uncja bardzo drobno posiekanego Parmigiano
- ½ szklanki bułki tartej
- ¼ szklanki posiekanej natki pietruszki płaskolistnej (włoskiej).
- 2 jajka, podzielone
- 1 łyżeczka soli
- świeżo zmielony czarny pieprz do smaku
- 1 szczypta pieprzu cayenne lub do smaku
- 1 szczypta suszonego oregano
- 3 szklanki sosu do makaronu
- 1 łyżka bardzo drobno posiekanego Parmigiano
- 1 łyżka posiekanej natki pietruszki (włoskiej) lub do smaku

Wskazówki:

a) Rozgrzej oliwę z oliwek na patelni na średnim ogniu. Na rozgrzany olej wrzucamy grzyby, posypujemy solą i smażymy, mieszając, aż płyn z grzybów odparuje.

b) Wmieszaj masło do grzybów, zmniejsz ogień do średniego i gotuj i mieszaj grzyby na złoty kolor, około 5 minut

5. Wegetariańskie Klopsiki

Składniki :

- 1 szklanka suszonej soczewicy (lub 2 1/2 szklanki ugotowanej)
- 1/4 szklanki oliwy z oliwek
- 1 mała cebula, około 1 filiżanki posiekanej
- 8 uncji grzybów Cremini
- 3 ząbki czosnku, posiekane
- 1 1/2 szklanki bułki tartej Panko
- Szczypta przyprawy włoskiej i cayenne
- 2 1/2 łyżeczki soli, podzielone
- 2 jajka
- 1 szklanka parmezanu

Wskazówki:

a) W dużej misce wymieszaj połówki pomidorów z 1 łyżeczką przyprawy włoskiej, 1 łyżeczką soli i 1/4 szklanki oliwy z oliwek.

b) Zmiel grzyby w robocie kuchennym, aż osiągną wielkość mniej więcej groszku.

c) Gdy olej się rozgrzeje, dodaj cebulę i smaż przez około 3 minuty, aż będzie przezroczysta. Dodać czosnek i pieczarki pulsacyjne i podsmażyć.

d) W dużej misce połącz mieszankę soczewicy grzybowej z bułką tartą panko i przyprawami. Formuj kulki i piecz.

6. Klopsiki z cytrynowo- oregano

Składniki :

- 1 łyżka zmielonych nasion lnu
- 1 łyżka oliwy z oliwek, plus ekstra
- 1 mała żółta cebula i 3 ząbki czosnku
- Szczypta oregano, sproszkowanej cebuli, tamari
- $\frac{1}{2}$ łyżeczki mielonego chilli
- sól morska i mielony czarny pieprz do smaku
- 1 $\frac{1}{2}$ łyżki soku i skórki z cytryny
- 1 szklanka połówek orzechów włoskich
- $\frac{3}{4}$ szklanki płatków owsianych
- 1 $\frac{1}{2}$ szklanki ugotowanej białej fasoli
- $\frac{1}{4}$ szklanki świeżej pietruszki i $\frac{1}{4}$ szklanki świeżego koperku

Wskazówki:

a) W małej misce wymieszaj zmielony len i wodę. Podsmaż cebulę, dodaj czosnek i oregano.

b) Dodaj odżywcze drożdże, chili, cebulę w proszku, sól i pieprz na patelnię i mieszaj przez około 30 sekund. Wlać ich sok z cytryny.

c) Zmiel orzechy włoskie, fasolę i płatki owsiane, aż otrzymasz gruby posiłek. Dodaj mieszankę żelu lnianego, podsmażoną cebulę i czosnek, tamari, skórkę z cytryny, pietruszkę, koperek i duże szczypty soli i pieprzu.

d) Uformuj kulkę i piecz klopsiki przez 25 minut.

7. Pulpety Z Soczewicy

Składniki :

- 1 żółta cebula drobno posiekana
- 1 duża marchewka obrana i pokrojona w kostkę
- 4 ząbki czosnku posiekane
- 2 szklanki ugotowanej zielonej soczewicy (około 3/4 szklanki suchej) lub 2 szklanki z puszki
- 2 łyżki koncentratu pomidorowego
- 1 łyżeczka oregano
- 1 łyżeczka suszonej bazylii
- 1/4 szklanki drożdży odżywczych
- 1 łyżeczka soli morskiej
- 1 szklanka pestek dyni

Wskazówki:

a) Uformuj kulę
b) Upiec

8. Naśladowane kulki warzywne z Ikei

Składniki :

- 1 puszka ciecierzycy (z puszki) 400 g / 14 oz
- 1 szklanka mrożonego szpinaku
- 3 marchewki (średnie)
- ½ papryki
- ½ szklanki słodkiej kukurydzy (z puszki)
- 1 szklanka zielonego groszku
- 1 cebula (średnia)
- 3 ząbki czosnku
- 1 szklanka mąki owsianej
- 1 łyżka oliwy z oliwek
- Przyprawa

Wskazówki:

a) Wszystkie warzywa włóż do robota kuchennego i pulsuj, aż zostaną drobno posiekane. Kucharz .

b) Teraz dodaj mrożony, ale rozmrożony lub świeży szpinak, suszoną szałwię i suszoną pietruszkę. Mieszaj i gotuj przez 1-2 minuty.

c) Dodaj ciecierzycę z puszki i puls, aż się połączą.

d) Aby zrobić kulki wegetariańskie, użyj miarki kulkę przypominającą lody, a następnie dokończyliśmy formowanie jej rękoma.

e) Kulki układamy na papierze pergaminowym lub blasze do pieczenia. Piecz je przez 20 minut, aż uzyskają chrupiącą skórkę.

9. Klopsiki z komosy ryżowej

Składniki :

- 2 szklanki ugotowanej komosy ryżowej
- ¼ szklanki startego parmezanu
- ¼ szklanki startego sera Asiago
- ¼ szklanki świeżej bazylii, posiekanej
- 2 łyżki świeżej kolendry, posiekanej
- 1 łyżeczka świeżego oregano, posiekanego
- ½ łyżeczki świeżego tymianku
- 3 małe rękawiczki czosnkowe, drobno posiekane
- 1 duże jajko
- 2 duże szczypty soli koszernej
- ½ łyżeczki czarnego pieprzu
- ¼ szklanki bułki tartej sezonowanej włoskiej
- 1 szczypta do ¼ łyżeczki pokruszonych płatków czerwonej papryki

Wskazówki:

a) Wymieszaj wszystkie **składniki** w dużej misce. Na rozgrzaną patelnię wlej odrobinę oliwy z oliwek.

b) Uformuj klopsiki nieco mniejsze niż piłeczka golfowa i umieść klopsiki na patelni, zaczynając od środka. .

c) Piec na patelni lub przenieść na wyłożoną brzegiem blachę do pieczenia i piec w nagrzanym piekarniku przez 25 minut.

10. Pikantne klopsiki z ciecierzycy

Składniki :

- 1 łyżka mączki z nasion lnu
- 14-uncjowa puszka ciecierzycy, odsączona i opłukana
- 1 1/2 szklanki ugotowanego farro
- 1/4 szklanki staromodnych płatków owsianych
- 2 ząbki czosnku, wyciśnięte
- 1 łyżeczka drobno startego korzenia imbiru
- 1/2 łyżeczki soli
- 1 łyżka gorącego oleju sezamowego chili
- 1 łyżka srirachy

Wskazówki:

a) Rozgrzej piekarnik do 400 stopni Fahrenheita. Blachę wyłóż folią i odłóż na bok.

b) Połączyć mączkę z nasion lnu z 3 łyżkami wody; wymieszać i odstawić na 5 minut, żeby odpoczęło.

c) Umieść ciecierzycę, farro, płatki owsiane, czosnek, imbir, sól, olej sezamowy i srirachę w misie dużego robota kuchennego lub blendera. Wlać wypoczętą mieszankę lnianą („jajko lniane") i pulsować, aż **składniki** się połączą.

d) Z powstałej masy uformuj kulki o pojemności jednej łyżki i upiecz.

11. Wegańskie klopsiki grzybowe

Składniki :

- 1 łyżka zmielonego siemienia lnianego
- 3 łyżki wody
- 4 uncje małego grzyba Bella
- ½ szklanki pokrojonej w kostkę cebuli
- 1 łyżka oliwy z oliwek podzielona
- ¼ łyżeczki soli
- 1 łyżka sosu sojowego
- 1 łyżka przyprawy włoskiej
- 1 puszka (15 uncji) odsączonej ciecierzycy
- 1 szklanka zwykłej bułki tartej
- 1 łyżka drożdży odżywczych
- 1 łyżeczka sosu Worcestershire

Wskazówki:

a) Pieczarki drobno posiekaj, a cebulę w kostkę.

b) Na średniej patelni rozgrzej 1 łyżkę oliwy z oliwek na średnim ogniu. Gdy będzie już gorące, dodaj grzyby i cebulę i posyp $\frac{1}{4}$ łyżeczki soli. Smaż przez 5 minut lub do momentu, aż grzyby zmiękną.

c) Dodaj sos sojowy i przyprawę włoską i gotuj jeszcze przez minutę.

d) Połącz ciecierzycę, jajo lniane, bułkę tartą, odżywcze drożdże, sos Worcestershire oraz smażoną cebulę i grzyby w robocie kuchennym ze standardową końcówką ostrza. Pulsuj, aż do całkowitego zniszczenia. Niektóre małe kawałki ciecierzycy lub grzybów powinny nadal istnieć.

e) Czystymi rękami uformuj mieszaninę klopsików w 12 kulek wielkości mniej więcej ping-ponga.

f) Piec 30 minut w piekarniku nagrzanym na 350 stopni.

12. Spaghetti z warzywami i kulkami mięsnymi

Składnik

- 3 Cebula
- ½ funta Grzyby – pokrojone
- 4 łyżki Oliwa z oliwek
- 1 puszka pomidorów
- 1 puszka pasty pomidorowej
- 1 Łodyga selera posiekana
- 3 Marchew, tarta
- 6 łyżek Masło
- 3 Jajka, ubite
- 1 ½ szklanki posiłku Matzo
- 2 szklanki ugotowanego zielonego groszku
- 1 łyżeczka soli i ¼ łyżeczki pieprzu
- 1 funt Spaghetti, ugotowane
- Tarty ser szwajcarski

Wskazówki:

a) Pokrojoną w kostkę cebulę i grzyby smażymy na oleju przez 10 minut. Dodać pomidory, koncentrat pomidorowy i oregano. Przykryj i gotuj na małym ogniu 1 godzinę. Prawidłowa przyprawa.

b) Smaż posiekaną cebulę, seler i marchewkę na połowie masła przez 15 minut. Fajny. Dodaj jajka, 1 szklankę mąki macowej, groszek, sól i pieprz.

c) Uformuj małe kulki i zanurz je w pozostałej macy.

13. Kulka warzywna pod

Składnik

- 1 szklanka granulatu Tvp
- 1 szklanka wrzącej wody
- ½ szklanki bułki tartej
- ¼ szklanki mąki pełnoziarnistej
- ½ łyżeczki soli
- ¼ łyżeczki Cayenne
- 1 łyżeczka szałwii
- ½ łyżeczki kopru włoskiego
- 1 łyżeczka oregano
- ½ łyżeczki czosnku w proszku
- ½ łyżeczki tymianku
- 1 łyżeczka oliwy z oliwek
- 4 Rolki z łodzią podwodną (indywidualne)
- 1 szklanka sosu do spaghetti, podgrzanego
- 2 średnie zielone papryki, pieczone

Wskazówki:

a) Połącz TVP i wrzącą wodę i odstaw, aż woda się wchłonie, około 5 minut. Dodać bułkę tartą, mąkę, sól, cayenne, szałwię, koper włoski, oregano, czosnek i tymianek. Dobrze wymieszaj.

b) Z mieszaniny TVP uformuj 12 kulek. Natrzyj dłonie oliwą z oliwek i obtocz każdą kulkę w dłoniach, aby je pokryć. Umieścić na lekko naoliwionej blasze do ciastek i piec do zrumienienia, 10 minut.

c) W każdej bułce ułóż po trzy kulki i polej sosem i papryką.

Klopsiki jagnięce

14. Marokańskie klopsiki

Składnik

- 1 funt Mielona jagnięcina
- 1 łyżeczka soli, ¼ łyżeczki pieprzu
- 2 łyżki suszonej cebuli
- 1 ½ szklanki wody lub duszonych pomidorów
- 3 łyżki słodkiego masła
- ½ szklanki suszonej i puree cebuli
- ¾ łyżeczki imbiru, ¼ łyżeczki pieprzu
- ¼ łyżeczki kurkumy, 1 szczypta szafranu
- 1 łyżka posiekanej natki pietruszki
- Kminek, 2 łyżeczki papryki
- Cayenne
- ¼ łyżeczki kminku
- 1 łyżeczka papryki
- ½ szklanki posiekanej natki pietruszki
- 1 Sok cytrynowy

Wskazówki:

a) Wymieszaj wszystkie składniki **mięsa**. Dobrze zagnieść i uformować kulki o średnicy 1 cm.

b) SOS: Umieść wszystkie **składniki** na patelni z wyjątkiem cytryny. Dodaj $1\frac{1}{2}$ szklanki wody i zagotuj.

c) Zmniejsz pokrywę ognia i gotuj na wolnym ogniu przez 15 minut. Dodać klopsiki i dusić przez 30 minut. Dodaj sok z cytryny i od razu podawaj na podgrzanym talerzu z dużą ilością marokańskiego chleba.

15. Perskie klopsiki jagnięce

Wydajność: 7 porcji

Składnik

- ¾ szklanki pszenicy bułgarskiej, drobno zmielonej
- 2 szklanki wrzącej wody
- 2 funty Mięso gulasz jagnięcy, drobno zmielone
- ½ szklanki drobno posiekanej żółtej cebuli
- ½ szklanki orzeszków piniowych
- 3 łyżki oliwy z oliwek
- 2 Jajka, ubite
- 1 łyżeczka Mielona kolendra
- 2 łyżeczki mielonego kminku
- 3 łyżki soku z cytryny
- 2 łyżki mielonego świeżego koperku
- 1 łyżka posiekanej świeżej mięty
- ½ łyżeczki soli

- Mielony pieprz do smaku

Wskazówki:

a) W małej misce zalej bułgarię wrzątkiem na pół godziny. Dobrze odcedź.

b) W dużej misce połącz składniki na klopsiki, łącznie z odsączonym bulgarem i bardzo dobrze wymieszaj.

c) Uformuj kulki o średnicy 1-$\frac{1}{2}$ cala i połóż na blasze do pieczenia.

d) Piec 20 minut w nagrzanym piekarniku do 3750 F lub do momentu, aż będzie ugotowane.

16. Węgierskie klopsiki

Składnik

- Klopsiki Jagnięce
- 1 łyżka oleju roślinnego
- 2 Cebule; Cienko pokrojony
- ¾ szklanki wody
- ¾ szklanki czerwonego wina; Suchy
- 1 łyżeczka nasion kminku
- 2 łyżeczki papryki
- ½ łyżeczki liści majeranku
- ½ łyżeczki soli
- ¼ szklanki wody
- 2 łyżki mąki; Niebielony

Wskazówki:

a) Rozgrzej olej na dużej patelni. Dodaj cebulę i smaż, mieszając, aż będą miękkie. Dodać ugotowane klopsiki, $\frac{3}{4}$ szklanki wody, wino, kminek, paprykę, liście majeranku i sól.

b) Podgrzać do wrzenia, następnie zmniejszyć ogień i przykryć. Dusić około 30 minut, od czasu do czasu mieszając. Wymieszać $\frac{1}{4}$ szklanki wody i mąki, wymieszać z sosem. Podgrzać do wrzenia, ostrożnie mieszając. Zagotuj i mieszaj przez 1 minutę.

17. Bliskowschodnie klopsiki jagnięce

Składnik

- 1 ½ funta mielonej jagnięciny
- ½ szklanki cebuli; mielony
- ½ szklanki świeżej pietruszki; mielony
- 3 łyżki mąki
- 3 łyżki czerwonego wina; (lub woda)
- 1 ½ łyżeczki soli
- ½ łyżeczki świeżo zmielonego pieprzu
- ½ łyżeczki ziela angielskiego
- ¼ łyżeczki cynamonu
- ¼ łyżeczki pieprzu cayenne

Wskazówki:

a) Połącz **składniki** , dobrze wymieszaj i uformuj 18 klopsików.

b) Umieść około 4 do 6 cali nad rozżarzonymi węglami lub piecz około 4 cale od ognia, około 15 do 20 minut, często obracając lub do momentu, aż jagnięcina będzie gotowa.

18. Kefta egipska

Składnik

- 1 funt mielonej jagnięciny
- 1 łyżeczka soli
- ½ łyżeczki mielonego pieprzu
- Rukiew wodna siekana
- płaska pietruszka

Wskazówki:

a) Połącz mięso, sól i pieprz, uformuj owale o średnicy 5 lub 6 cali.

b) Nawlecz na szpikulec i grilluj 5 minut, aż się zarumieni, przewróć i grilluj z drugiej strony. Podawać na rzeżuchy wodnej. Posypać obficie posiekaną natką pietruszki. Podawać z chlebem pita.

Klopsiki z dzikiego mięsa

19. Koreańskie kulki mięsne

Składnik

- 1 funt Mielony dzik
- 2 łyżki sosu sojowego
- 1 kropla pieprzu
- 1 Ząbek czosnku; mielony
- 1 Zielona cebula; posiekana
- 1 łyżka prażonych nasion sezamu
- ½ szklanki mąki
- 1 Jajko; ubity z 1 łyżką wody
- 2 łyżki oleju sałatkowego
- 4 łyżki sosu sojowego
- 4 łyżki octu
- 2 łyżeczki miodu lub mocno upakowanego brązowego cukru
- 1 szczypta Płynna przyprawa ostra papryka
- 2 łyżeczki prażonych nasion sezamu lub drobno posiekanej zielonej cebuli

Wskazówki:

a) W misce wymieszaj zmielonego dzika, sos sojowy, pieprz, czosnek, zieloną cebulę i nasiona sezamu. Z mięsa uformuj kulki.

b) Każdy z nich obtocz w mące, zanurz w masie jajecznej i ponownie w mące. Rozgrzej olej na ciężkiej patelni na średnim ogniu. Gotuj dokładnie. Podawać z sosem do maczania.

20. Zupa z klopsików z dziczyzny

Składnik

- ½ funta Chuda dziczyzna lub jagnięcina,
- Uziemić dwa razy
- ½ szklanki ugotowanego ryżu
- ¼ szklanki Drobno posiekana cebula
- ¼ szklanki Drobno posiekana natka pietruszki
- 2 puszki Skondensowany rosół z kurczaka
- (10-1/2 uncji każdy)
- 2 puszki Woda
- ⅓ szklanki Sok cytrynowy
- 2 Jajka
- Sól pieprz

Wskazówki:

a) Połącz pierwsze cztery **składniki** .
   Uformuj kulki o średnicy ¾ cala. Podgrzej bulion i wodę do temperatury wrzenia.

b) Dodaj klopsiki; gotować 15 do 20 minut. W wazie do zupy ubij sok z cytryny i jajka na gładką masę.

c) Stopniowo ubijaj, dodając gorący bulion. Na końcu dodaj klopsiki. Doprawić do smaku solą, pieprzem.

21. Koktajlowe klopsiki z łosia

Składnik

- 2 funty Mielone mięso łosia
- 1 każde jajko, lekko ubite
- ½ łyżeczki pieprzu
- 1 szklanka drobnej bułki tartej
- 1 łyżeczka soli
- ½ szklanki mleka
- 2 łyżeczki startej cebuli
- 2 ½ szklanki soku ananasowego
- ¼ szklanki mąki
- 1-2 łyżeczki tłuszczu
- 1 szklanka sosu barbecue

Wskazówki

a) Wymieszaj mięso, bułkę tartą, jajko, sól, pieprz, mleko, pieprz i cebulę; Formuj małe kulki mięsne. Brązowione w gorącym tłuszczu. Wymieszaj sok ananasowy, sos barbecue i mąkę. Dodaj klopsiki do sosu.

b) Piec w zapiekance przez półtorej godziny w temperaturze 350 stopni. Można podawać na ciepło lub na zimno, na wykałaczkach.

Klopsiki Wołowe

22. Jesienne klopsiki

Porcje: 6

Składniki :

- 1 - 24 uncje worek klopsików wołowych (rozmiar ½ uncji), przeciętych na pół
- 2 duże cebule, pokrojone w plasterki lub posiekane
- 5 jabłek obranych, wydrążonych i pokrojonych na ćwiartki
- 1-1/2 szklanki brązowego cukru
- 1/2 szklanki soku jabłkowego
- Opcjonalne **składniki** do dekoracji: suszona żurawina, granat lub jabłka

Wskazówki:

a) Rozgrzej piekarnik do 350°F. Połącz wszystkie składniki w naczyniu żaroodpornym o pojemności 4 litrów, przykryj i piecz przez 1-1/2 - 1-3/4 godziny lub do momentu, aż cebula będzie miękka.

b) Podczas gotowania od czasu do czasu mieszaj. Jeśli używasz garnka, gotuj na wysokim poziomie przez 3 godziny.

c) Sugestia podania: Podawać z pieczoną dynią żołędziową lub ugotowanym ryżem.

d) Udekoruj suszoną żurawiną, pestkami granatu lub plasterkami jabłka.

23. M. eatball stroganoff

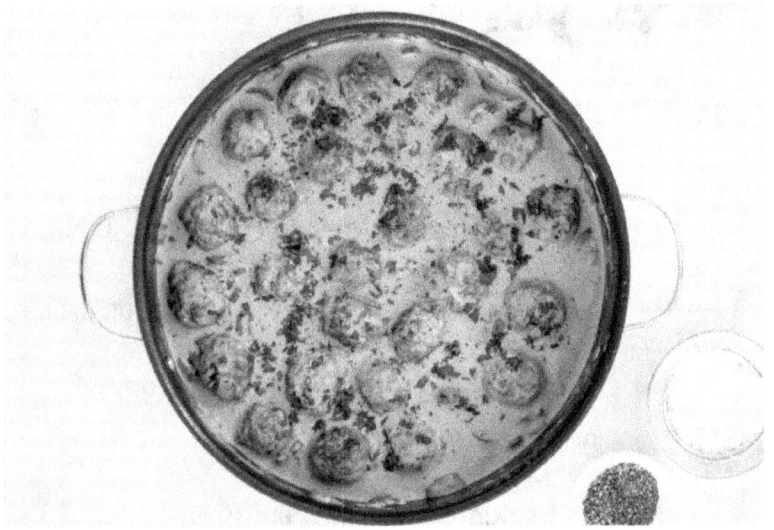

Porcje: 6

Składniki :

- 1/2 - 24 uncje worek klopsików wołowych, rozmrożonych
- 10 uncji krem z kurczaka
- 1/2 szklanki bulionu z kurczaka lub wody
- 10 uncji pokrojone w plasterki grzyby, odsączone
- 1/2 szklanki kwaśnej śmietany
- szeroki makaron jajeczny, gotowany
- świeży koperek, posiekany

Wskazówki:

a) Rozmrażaj klopsiki w kuchence mikrofalowej 2-3 minuty.

b) Połącz zupę i bulion w dużym rondlu i podgrzej, ciągle mieszając.

c) Dodać klopsiki i grzyby, przykryć i dusić na małym ogniu przez 10 minut. Dodać śmietanę i podgrzać, nie gotując.

d) Połóż łyżkę na makaronie i posyp koperkiem.

24. Karaiby klopsy

Porcje: 6 - 8

Składniki :

- 1 - 24 uncje paczka klopsików wołowych
- 1 łyżka oleju roślinnego
- 1 ząbek czosnku, posiekany
- Po 1 zielonej i czerwonej papryce, grubo posiekanej
- 1 - 14 uncji może kawałki ananasa
- 2 łyżki skrobi kukurydzianej
- 1/3 szklanki cukru
- 1/3 szklanki octu
- 1 łyżka sosu sojowego
- 1/2 szklanki orzechów nerkowca (opcjonalnie)
- 1/4 szklanki kokosa, prażonego (opcjonalnie)

Wskazówki:

a) Metoda na patelni: Częściowo rozmroź klopsiki w kuchence mikrofalowej przez 1 minutę. Każdy klopsik pokroić na 3 plasterki. Rozgrzej olej na dużej patelni. Dodać czosnek i paprykę i smażyć mieszając przez 2 minuty.

b) Dodaj klopsiki, przykryj i gotuj na średnim ogniu przez 10 minut, aż klopsiki się podgrzeją. Odcedź ananasa, zachowując sok w małej misce.

c) Połącz sok ananasowy, skrobię kukurydzianą, cukier, ocet i sos sojowy. Wylać masę na klopsiki i smażyć, ciągle mieszając, aż sos zgęstnieje.

d) Wymieszaj kawałki ananasa i orzechy nerkowca. W razie potrzeby udekoruj prażonym kokosem.

e) Metoda Crockpot: Odcedź ananasa, zachowując sok. Włóż zamrożone klopsiki, sok ananasowy, pieprz, czosnek, skrobię kukurydzianą, cukier, ocet i sos sojowy do garnka i gotuj na małym ogniu przez 8 godzin (lub wysokim przez 4 godziny).

f) Przed podaniem dodaj kawałki ananasa i orzechy nerkowca i udekoruj prażonym kokosem.

25. Curry klopsiki

Porcje: 10-12

Składniki :

- 1 - 20 uncji paczka klopsików wołowych
- 1/4 szklanki żółtej cebuli, pokrojonej w kostkę
- 1 puszka pełnotłustego mleka kokosowego
- 1 szklanka bulionu z kurczaka
- 4 łyżeczki curry w proszku
- 1 łyżeczka garam masali
- 1 łyżeczka mielonego imbiru
- Sok z 1 limonki
- 1/2 szklanki posiekanej kolendry
- Pasta chili Sambal Oelek (opcjonalnie)
- płatki czerwonej papryki

Wskazówki:

a) Na dużej patelni rozpuść mleko kokosowe i olej; dodaj pokrojoną w kostkę cebulę i smaż przez 3 do 4 minut.

b) Pozostałe **składniki** sosu wymieszać i dodać do klopsików, dokładnie wymieszać.

c) Przykryj patelnię i gotuj na wolnym ogniu, aż klopsiki będą ugotowane.

d) Tuż przed podaniem posypujemy płatkami czerwonej papryki. Dodaj pastę chili z boku, aby uzyskać dodatkowe ciepło.

26. Francuskie klopsiki cebulowe

Porcje: 10-12

Składniki :

- 1 - 26 uncji worek wołowiny
- 1 opakowanie suchej mieszanki zupy cebulowej
- 1 puszka kremu zupy grzybowej
- 1 puszka kremowej zupy cebulowej lub francuskiej zupy cebulowej
- 1 puszka wody

Wskazówki:

a) Włóż klopsiki do wolnowaru z zamrażarki.

b) W średniej wielkości misce wymieszaj zupę, zupę z puszki i wodę. Wylać na klopsiki i wymieszać.

c) Gotuj na małym ogniu przez około 4 do 6 godzin LUB na dużym ogniu przez około 2 do 3 godzin, od czasu do czasu mieszając.

d) Podawać z makaronem jajecznym lub jako przystawkę z wykałaczkami.

27. Klonowe Klopsiki

Porcje: 5-6

Składniki :

- 1 - 26 uncji paczka klopsików wołowych
- 1/2 szklanki prawdziwego syropu klonowego
- 1/2 szklanki sosu chili
- 2 łyżeczki suszonego szczypiorku (lub 2 łyżki świeżego szczypiorku)
- 1 łyżka sosu sojowego
- 1/2 łyżeczki mielonej musztardy

Wskazówki:

a) W rondlu wymieszaj syrop klonowy, sos chili, szczypiorek, sos sojowy i mieloną musztardę.

b) Doprowadzić do niskiego wrzenia. Dodaj klopsiki do rondla i ponownie zagotuj.

c) Dusić na średnim ogniu przez 8-10 minut, od czasu do czasu mieszając, aż klopsiki dokładnie się podgrzeją.

d) Podawać jako przystawkę z wykałaczkami lub z gorącym ugotowanym ryżem.

28. Zjem ciasto pasterskie

Porcje: 6

Składniki :

- 1 - 26 uncji paczka klopsików wołowych
- 1 - 12 uncji słoik przygotowany sos wołowy
- 1 - 16 uncji torebka mrożonych warzyw mieszanych (rozmrożonych na tyle, aby się rozpadły)
- 1 opakowanie puree ziemniaczanego z kwaśną śmietaną i szczypiorkiem (zawiera 2 woreczki)
- 1/2 szklanki startego parmezanu

Wskazówki:

a) Rozgrzej piekarnik do 350°F. Rozmrażaj klopsiki w kuchence mikrofalowej przez 1 minutę. Każdy klopsik przekrój na pół.

b) W dużej misce wymieszaj przekrojone na połówki klopsiki, sos i mrożone warzywa mieszane. Wlać mieszaninę do natłuszczonej formy do pieczenia o wymiarach 9 x 13 cali.

c) Przygotować obie torebki ziemniaków z kwaśną śmietaną i szczypiorkiem, dodając mleko, gorącą wodę i masło zgodnie z **instrukcją na opakowaniu**.

d) Rozłóż przygotowane ziemniaki na mieszance klopsików.

e) Ziemniaki posyp parmezanem i piecz przez 20-25 minut.

29. Paghetti z klopsikami

Porcje: 4-6

Składniki :

- 1 - 26 uncji worek klopsików wołowych
- 1/4 szklanki posiekanej zielonej papryki
- 1/2 szklanki posiekanej cebuli
- 1 - 8 uncji opakowanie spaghetti
- 2 jajka, lekko ubite
- 1/2 szklanki startego parmezanu
- 1-1/4 szklanki startego sera mozzarella
- 26 uncji słoik gęstego sosu do spaghetti

Wskazówki:

a) Rozgrzej piekarnik do 375 stopni F. Smaż paprykę i cebulę, aż zmiękną, około 10 minut. Odłożyć na bok.

b) Ugotuj spaghetti, odcedź, przelej zimną wodą i osusz. Umieścić w dużej misce miksującej.

c) Dodać jajka i parmezan i wymieszać do połączenia. Wciśnij mieszaninę na dno spryskanej 9-calowej blachy do ciasta. Na wierzch połóż 3/4 szklanki startego sera mozzarella. Rozmrażaj zamrożone klopsiki w kuchence mikrofalowej przez 2 minuty.

d) Każdy klopsik przekrój na pół. Ułóż połówki klopsików na mieszance serowej. Połączyć sos spaghetti z ugotowaną papryką i cebulą.

e) Nałóż łyżką warstwę klopsików. Luźno przykryć folią i piec 20 minut.

f) Wyjmij z piekarnika i posyp 1/2 szklanki sera mozzarella mieszanką sosu spaghetti.

g) Kontynuuj pieczenie bez przykrycia przez kolejne 10 minut, aż masa się zarumieni. Pokrój w kliny i podawaj.

30. Pyskaty azjatyckie klopsiki

Porcje: 10-12

Składniki :

- 1 - 20 uncji worek klopsików wołowych
- 2/3 szklanki sosu hoisin
- 1/4 szklanki octu ryżowego
- 2 ząbki czosnku, posiekane
- 2 łyżki sosu sojowego
- 1 łyżeczka oleju sezamowego
- 1 łyżeczka mielonego imbiru
- 1/4 szklanki glazury teriyaki
- 1/4 szklanki brązowego cukru
- nasiona sezamu, opcjonalnie

Wskazówki:

a) Rozgrzej piekarnik i usmaż klopsiki zgodnie z instrukcją na opakowaniu. Odłożyć na bok.

b) Podczas gdy klopsiki się pieczą, wymieszaj w misce wszystkie **składniki sosu, aż się dobrze wymieszają.**

c) Po ugotowaniu klopsików można zanurzyć każdy klopsik osobno (za pomocą wykałaczki) w mieszance sosu lub polać sosem klopsiki i delikatnie je mieszać, aż pokryją się sosem.

d) Podawać z ryżem i udekorować groszkiem śnieżnym i paskami pieczonej czerwonej papryki jako danie główne lub jako przystawkę z wykałaczkami.

31. Klopsiki i sos do spaghetti

Składnik

- 1 filiżanka Klopsy
- ¼ łyżeczki Sól
- ¼ łyżeczki Zmielony czarny pieprz
- ½ szklanki Tarty parmezan
- 1 funt Mielona chuda wołowina
- 1 łyżka stołowa Oliwa z oliwek
- 2 siekana cebula
- 4 Zmiażdżone ząbki czosnku lub
- 2 Mielony czosnek
- 14 uncji Puszka Sos pomidorowy
- ½ szklanki Wino czerwone (opcjonalnie)
- 1 Słodki zielony pieprz
- 1 łyżeczka Suszona bazylia liściasta
- ½ łyżeczki Liść oregano

Wskazówki:

a) Z mięsa uformuj klopsiki o średnicy 1 cm. Dodaj do gotującego się sosu spaghetti.

b) Rozgrzej olej w dużym rondlu ustawionym na średnim ogniu. Dodaj cebulę i czosnek. smaż przez 2 minuty. Dodaj pozostałe składniki . Przykryć i doprowadzić do wrzenia, często mieszając.

c) Następnie zmniejsz ogień i gotuj na wolnym ogniu, często mieszając, przez co najmniej 15 minut.

32. Pulpety Z Makaronem W Jogurcie

Składnik

- 2 funty Mielona wołowina
- Szczypta pieprzu cayenne, kurkumy, kolendry i cynamonu
- Sól i czarny pieprz
- 2 Ząbki czosnku
- 1 łyżka oleju roślinnego
- 1 Hiszpańska cebula
- 6 Dojrzałe pomidory śliwkowe – rdzeń,
- 4 Suszone pomidory
- Makaron

Wskazówki:

a) W misce wymieszaj wołowinę, cynamon, kolendrę, kurkumę, cayenne, sól, pieprz i połowę czosnku.

b) Czystymi rękami dokładnie wymieszaj, a następnie uformuj mięso w półcalowe klopsiki. Odłóż je na bok.

c) W dużym garnku rozgrzewamy oliwę, dodajemy cebulę i wrzucamy klopsiki. Gotuj, często je obracając.

d) Dodać pomidory śliwkowe i pozostały czosnek. Dodaj suszone pomidory, sól i pieprz i gotuj mieszaninę przez 5 minut na małym ogniu, mieszając raz lub dwa razy.

e) Na makaron: Zagotuj duży rondelek z wodą. Dodać makaron i gotować.

f) Wymieszaj jogurt, czosnek i sól. Dokładnie wymieszaj i przełóż do 6 szerokich misek.

33. Stracciatelle z klopsikami

Składnik

- 1 kwarta Bulion z kurczaka
- 2 kubki Woda
- ½ szklanki Pastina
- 1 łyżeczka Świeża pietruszka, posiekana
- ½ funta Mielona chuda wołowina
- 1 jajko
- 2 łyżeczki Aromatyczna bułka tarta
- 1 łyżeczka Startego sera
- 1 Marchew, pokrojona w cienkie plasterki
- ½ funta Szpinak, tylko liściasty
- Część julienne
- 2 łyżeczki Świeża pietruszka, posiekana
- 1 mały Cebula, mielona
- 2 Jajka
- Startego sera

Wskazówki:

a) W garnku do zupy połącz **składniki zupy** i zagotuj na małym ogniu. **Składniki** mięsne wymieszać w misce, zrobić wiele małych klopsików i wrzucić do gotującego się bulionu.

b) W małej misce ubij 2 jajka. Drewnianą łyżką mieszaj zupę, powoli wrzucając jajka, cały czas mieszając. Zdjąć z ognia. Przykryj i odstaw na 2 minuty.

c) Podawać z tartym serem.

34. Zupa z klopsikami i ravioli

Składnik

- 1 łyżka oliwy z oliwek lub oleju sałatkowego
- 1 duża cebula; drobno posiekane
- 1 Ząbek czosnku; mielony
- 28 uncji Pomidory w puszkach; posiekana
- ¼ szklanki pasty pomidorowej
- 13¾ uncji Rosół wołowy
- ½ szklanki wytrawnego czerwonego wina
- Szczypta suszonej bazylii, tymianku i oregano
- 12 uncji Ravioli; wypełnione serem
- ¼ szklanki pietruszki; posiekana
- Parmezan; tarty
- 1 jajko
- ¼ szklanki miękkiej bułki tartej
- ¾ łyżeczki soli cebulowej
- 1 ząbek czosnku; mielony

- 1 funt Mielona chuda wołowina

Wskazówki:

a) Ostrożnie smaż klopsiki na rozgrzanym oleju.

b) Wymieszaj cebulę z czosnkiem i smaż około 5 minut, uważając, aby nie połamać klopsików. Dodać pomidory i ich płyn, koncentrat pomidorowy, bulion, wino, wodę, cukier, bazylię, tymianek i oregano. Dodaj ravioli

35. Bułgarska zupa z klopsikami

Wydajność: 8 porcji

Składnik

- 1 funt Mielona wołowina
- 6 łyżek ryżu
- 1 łyżeczka papryki
- 1 łyżeczka suszonego cząbru
- Sól pieprz
- Mąka
- 6 szklanek wody
- 2 Kostki bulionowe wołowe
- ½ Pęczek zielonej cebuli; pokrojony
- 1 Zielona papryka; posiekana
- 2 Marchew; obrane, pokrojone w cienkie plasterki
- 3 Pomidory; obrane i posiekane
- 1 sm. żółte chilli, podzielone
- ½ pęczek pietruszki; mielony
- 1 jajko

- 1 Cytryna (tylko sok)

Wskazówki:

a) Połącz wołowinę, ryż, paprykę i cząber. Doprawić do smaku solą i pieprzem. Wymieszaj lekko, ale dokładnie. Formuj kulki o średnicy 1 cm.

b) W dużym czajniku połącz wodę, kostki bulionowe, 1 łyżkę soli, 1 łyżeczkę pieprzu, zieloną cebulę, zieloną paprykę, marchewkę i pomidory.

c) Przykryć, doprowadzić do wrzenia, zmniejszyć ogień i gotować 30 minut.

36. Jem kulki i frankfurterki

Składnik

- 1 funt Mielona wołowina
- 1 Jajko, lekko ubite
- ¼ szklanki bułki tartej, suchej
- 1 średnia cebula, starta
- 1 łyżka soli
- ¾ szklanki sosu chili
- ¼ szklanki galaretki winogronowej
- 2 łyżki soku z cytryny
- 1 szklanka frankfurterek

Wskazówki:

a) Połącz wołowinę, jajko, bułkę tartą, cebulę i sól. Uformuj małe kulki. Na dużej patelni wymieszaj sos chili, galaretkę winogronową, sok z cytryny i wodę.

b) Ciepło; dodajemy kulki mięsne i smażymy, aż mięso będzie gotowe.

c) Tuż przed podaniem dodać frankoniki i podgrzać.

37. Klopsiki z Manhattanu

Składnik

- 2 funty Mielona chuda wołowina
- 2 szklanki miękkiej bułki tartej
- ½ szklanki posiekanej cebuli
- 2 Jajka
- 2 łyżki posiekanej świeżej natki pietruszki
- 1 łyżeczka soli
- 2 łyżki margaryny
- 1 Słoik; (10 uncji) Konfitury z moreli Kraft
- ½ szklanki Kraftowego Sosu Barbecue

Wskazówki:

a) Wymieszaj mięso, bułkę tartą, cebulę, jajka, natkę pietruszki i sól. Uformuj 1-calowe klopsiki.

b) Rozgrzej piekarnik do 350 stopni. Podsmaż klopsiki w margarynie na dużej patelni na średnim ogniu; odpływ. Umieścić w naczyniu do pieczenia o wymiarach 13 x 9 cali.

c) Wymieszaj razem konfitury i sos barbecue; polać klopsiki. Piec 30 minut., mieszając od czasu do czasu.

38. Wietnamskie klopsiki

Składnik

- 1 ½ funta chudej mielonej wołowiny
- 1 Ząbek czosnku, zmiażdżony
- 1 Białko jajka
- 1 łyżka sherry
- 2 łyżki sosu sojowego
- ½ łyżeczki płynnego dymu
- 2 łyżki sosu rybnego
- 1 szczypta cukru
- 1 Sól i biały pieprz
- 2 łyżki skrobi kukurydzianej
- 1 łyżka oleju sezamowego

Wskazówki:

a) Mieszaj mieszaninę mikserem lub robotem kuchennym, aż będzie bardzo gładka.

b) Na patyku uformuj małe klopsiki (około sześciu klopsików na szpikulec).

c) Podsmaż do perfekcji.

39. Szwedzkie przystawki z kulkami mięsnymi

Składnik

- 2 łyżki oleju kuchennego
- 1 funt Mielona wołowina
- 1 jajko
- 1 szklanka miękkiej bułki tartej
- 1 łyżeczka brązowego cukru
- $\frac{1}{2}$ łyżeczki soli
- $\frac{1}{4}$ łyżeczki pieprzu
- $\frac{1}{4}$ łyżeczki imbiru
- $\frac{1}{4}$ łyżeczki mielonych goździków
- $\frac{1}{4}$ łyżeczki gałki muszkatołowej
- $\frac{1}{4}$ łyżeczki cynamonu
- $\frac{2}{3}$ szklanki mleka
- 1 szklanka kwaśnej śmietany
- $\frac{1}{2}$ łyżeczki soli

Wskazówki:

a) Na patelni rozgrzej olej kuchenny. Wymieszaj wszystkie pozostałe składniki oprócz kwaśnej śmietany i ½ łyżeczki soli.

b) Uformuj klopsiki mięsne wielkości przystawki (o średnicy około 1 cala). Obsmaż na oleju ze wszystkich stron, aż będą całkowicie ugotowane.

c) Zdjąć z patelni, odsączyć na ręcznikach papierowych. Odlać nadmiar tłuszczu i lekko ostudzić patelnię. Do ubicia piany dodać niewielką ilość kwaśnej śmietany i wymieszać. Następnie dodać pozostałą śmietanę i ½ łyżeczki soli, wymieszać.

40. Kofta afgańska

Składnik

- 1 Cebula drobno posiekana
- 1 Zielona papryka drobno posiekana
- 1 funt mielonej wołowiny
- 1 łyżeczka Ząbek czosnku drobno posiekany
- ½ łyżeczki mielonych nasion kolendry
- Sól i pieprz do smaku

Wskazówki:

a) Wymieszaj razem wołowinę, cebulę, pieprz, czosnek oraz sól i pieprz.

b) Odstawiamy na 30 minut do połączenia smaków. Uformuj 16 owalnych kulek.

c) Nadziewaj po 4 szaszłyki na przemian z ćwiartką cebuli, ćwiartką zielonej papryki i pomidorkiem koktajlowym na każdym szpikulcu. Grilluj około 5 minut, aż się zarumieni, przewróć i grilluj na drugiej stronie.

41. Polinezyjskie klopsiki

Składnik

- 1 Ubite jajka
- ¼ szklanki drobnej, suchej bułki tartej
- 2 łyżki świeżej kolendry, posiekanej
- 2 Ząbki czosnku, mielone
- ⅛ łyżeczki Zmielony czerwony pieprz
- ¼ łyżeczki soli
- 1 funt Mielona chuda wołowina
- ¼ szklanki orzeszków ziemnych, drobno posiekanych
- Świeże kawałki ananasa lub 1
- 20 Oz puszka kawałków ananasa, odsączone
- 1 ¼ szklanki sosu słodko-kwaśnego

Wskazówki:

a) W średniej misce wymieszaj jajko, bułkę tartą, kolendrę, czosnek, czerwoną paprykę i sól. Dodaj orzeszki ziemne i wołowinę. Dobrze wymieszaj.

b) Uformuj klopsiki o średnicy 1 cm. Ułóż w płytkim naczyniu do pieczenia i piecz przez 20 minut w temperaturze 350°C lub do momentu, aż przestaną być różowe.

c) Wyjmij z piekarnika i odcedź. (Aby przygotować je wcześniej, ostudź klopsiki, a następnie schłódź je do 48 godzin.) Połóż jeden klopsik i jeden kawałek ananasa na patyku i włóż z powrotem do naczynia do pieczenia.

42. Greckie klopsiki

Składnik

- 1 funt Hamburger
- 4 kromki zwilżonego chleba
- 1 mała cebula posiekana lub starta
- $\frac{1}{2}$ łyżeczki oregano
- 1 Ubite jajko Sól i pieprz do smaku

Wskazówki:

a) Wymieszaj wszystkie **składniki** razem. Formuj małe kulki i obtaczaj je w mące, aż będą całkowicie pokryte. Smażyć na patelni zawierającej $\frac{1}{8}$ cala oleju roślinnego.

b) Smażymy z jednej strony, a następnie odwracamy. W razie potrzeby dodać olej. Rozgrzej olej na średnim ogniu. Z porcji powinno wyjść około 20 klopsików.

43. Szkockie kulki mięsne

Składnik

- 1 funt Mielona chuda wołowina
- 1 Jajko, lekko ubite
- 3 łyżki mąki
- ¼ łyżeczki Świeżo zmielonego czarnego pieprzu
- 3 łyżki posiekanej cebuli
- 3 łyżki oleju roślinnego
- ⅓ szklanki bulionu z kurczaka
- 1 Puszka 8 uncji zmiażdżonego ananasa, odsączona
- 1 ½ łyżki skrobi kukurydzianej
- 3 łyżki sosu sojowego
- 3 łyżki zwykłego octu winnego
- 2 łyżki wody
- ¼ szklanki szkockiej whisky
- ⅓ szklanki bulionu z kurczaka

- ½ szklanki pokrojonej w kostkę zielonej papryki

Wskazówki:

a) Połącz pierwsze sześć **składników** . Delikatnie uformuj kulki o średnicy około 1 cala.

b) Całość zrumienić na oleju na 10-calowej patelni.

c) W międzyczasie przygotuj następujący sos szkocki.

d) Dodaj klopsiki i zielony pieprz. Gotuj delikatnie jeszcze około 10 minut. Podawać z ryżem.

44. Hawajskie klopsiki

Składnik

- 2 funty Mielona wołowina
- ⅔ szklanki okruszków krakersów Graham
- ⅓ szklanki posiekanej cebuli
- ¼ łyżeczki imbiru
- 1 łyżeczka soli
- 1 jajko
- ¼ szklanki mleka
- 2 łyżki skrobi kukurydzianej
- ½ szklanki brązowego cukru
- ⅓ szklanki octu
- 1 łyżka sosu sojowego
- ⅓ szklanki posiekanej zielonej papryki
- 13½ uncji Puszka pokruszonego ananasa

Wskazówki:

a) Wymieszaj mieloną wołowinę, okruchy krakersów, cebulę, imbir, sól, jajko i mleko i uformuj 1-calowe kulki. Zrumienić i włożyć do naczynia do zapiekania.

b) Wymieszaj skrobię kukurydzianą, brązowy cukier, ocet, sos sojowy i zielony pieprz. Gotuj na średnim ogniu, aż zgęstnieje. Dodaj zmiażdżonego ananasa i sok.

c) Podgrzej i polej klopsiki. Dokładnie podgrzej i podawaj.

45. Ukraińskie klopsiki „bitki"

Składnik

- 1 ½ funta Grzyby świeże lub
- ¼ funta suszonych grzybów
- 2 funty Karkówka wołowa mielona bez kości
- 3 Cebule duże, drobno posiekane
- ½ szklanki masła lub margaryny
- 1 każdy posiekany ząbek czosnku
- 1 szklanka mąki
- 2 łyżki bułki tartej

Wskazówki:

a) Wymieszaj ⅓ cebuli, mięsa, bułki tartej, soli i pieprzu oraz czosnku. Z tej mieszanki formuj kulki o średnicy ok. Średnica 2 cali. Spłaszcz te kulki, obtocz je w mące i smaż z obu stron na maśle.

b) Jeśli używasz grzybów suszonych, namocz je w zimnej wodzie. Gotować 30 minut, następnie odcedzić i zachować bulion. Podsmaż mieszankę cebulowo-grzybową na maśle.

c) Połóż warstwę pozostałej posiekanej cebuli w dużym garnku, połóż ½ ugotowanej mieszanki cebulowo-grzybowej na tej warstwie niegotowanej posiekanej cebuli.

d) Na wierzchu tej warstwy ułóż bitki i przykryj pozostałą mieszanką cebulowo-grzybową.

46. Rosyjskie klopsiki mięsne

Składnik

- 1 funt Mielona wołowina
- 1 funt Mielona cielęcina
- ½ szklanki posiekanej cebuli
- ¼ szklanki wytopionego tłuszczu nerkowego
- 2 kromki Połamane, namoczone w mleku, odciśnięte
- 2 łyżeczki soli
- Pieprz mielony
- Drobna bułka tarta
- Masło lub tłuszcz wołowy
- 2 szklanki kwaśnej śmietany
- ½ funta Pokrojone w plasterki grzyby, podsmażone

Wskazówki:

a) Cebulę smażymy na wytopionym tłuszczu nerkowym, aż zwiędnie. Wymieszaj wołowinę, cielęcinę, cebulę, pieczywo, sól i odrobinę pieprzu. Dobrze ugniataj i ostudź.

b) Zwilż ręce i uformuj masę w kulki wielkości złotych kulek. Obtaczamy w bułce tartej i smażymy na maśle lub tłuszczu wołowym, aż całość się zarumieni. Wyjmij i trzymaj w cieple.

c) Na patelnię dodaj śmietanę i grzyby. Ciepło. Sosem polej mięso.

47. Śródziemnomorskie klopsiki

Składnik

- 1 funt Mielona wołowina, rozdrobniona
- 3 łyżki niesuszonej bułki tartej
- 1 duże jajko
- 1 łyżeczka suszonych płatków pietruszki
- 2 łyżki margaryny
- $\frac{1}{4}$ łyżeczki czosnku w proszku
- $\frac{1}{2}$ łyżeczki suszonych liści mięty, rozgniecionych
- $\frac{1}{4}$ łyżeczki suszonych liści rozmarynu, rozgniecionych
- $\frac{1}{4}$ łyżeczki pieprzu
- 1 łyżeczka suszonych płatków pietruszki

Wskazówki:

a) **składniki** klopsików w średniej misce. Z powstałej masy uformuj 12 klopsików.

b) Umieść margarynę, proszek czosnkowy i natkę pietruszki w 1 filiżance.

c) Kuchenkę mikrofalową na poziomie „High" przez 45 sekund do 1 minuty lub do momentu roztopienia się masła.

d) Zanurzaj klopsiki w mieszance margaryny tak, aby je przykryć i umieść na ruszcie do pieczenia.

e) Wstaw do kuchenki mikrofalowej na poziomie „High" przez 15 do 18 minut lub do momentu, aż klopsiki będą twarde i przestaną być różowe w środku. W trakcie gotowania dwukrotnie obracaj ruszt i przestawiaj klopsiki. Jeśli chcesz, podawaj z gorącym ugotowanym ryżem lub kuskusem.

48. Greckie klopsiki mięsne

Składnik

- Okrągły stek mielony o wadze 1 ½ funta
- 2 jajka; lekko pobity
- ½ szklanki bułki tartej; dobrze, miękkie
- 2 średnie cebule; drobno posiekane
- 2 łyżki natki pietruszki; świeże, posiekane
- 1 łyżka mięty; świeże, posiekane
- ¼ łyżeczki cynamonu
- ¼ łyżeczki ziela angielskiego
- Sól i świeżo mielony pieprz
- Skrawek do smażenia

Wskazówki:

a) Połącz wszystkie **składniki** oprócz tłuszczu piekarskiego i dokładnie wymieszaj.

b) Schłodzić przez kilka godzin. Uformuj małe kulki i smaż na roztopionym tłuszczu. Podawać na gorąco.

49. Łatwe szwedzkie klopsiki mięsne

Składnik

- 2 funty Mielona wołowina
- 1 cebula, starta
- ½ szklanki bułki tartej
- odrobina soli, pieprzu
- 1 łyżeczka sosu Worcestershire
- 2 Jajka, ubite
- 4 łyżki masła
- 2 szklanki bulionu lub bulionu
- 4 łyżki mąki
- ¼ szklanki Sherry

Wskazówki:

a) Wymieszaj sześć pierwszych **składników** i uformuj małe kulki. Zrumienić na maśle.

b) Dodaj bulion, przykryj patelnię i gotuj na wolnym ogniu przez 15 minut. Wyjmij kulki mięsne, trzymaj w cieple.

c) Sos zagęścić mąką wymieszaną z odrobiną zimnej wody. Gotuj 5 minut, dodaj sherry. Podgrzej klopsiki mięsne w sosie.

50. Gulasz z klopsików z Ghany

Składnik

- 2 funty Mielona wołowina
- 1 łyżeczka soku z cytryny
- 1 duże jajko; Lekko pobity
- 1 szklanka cebuli; Drobno posiekane
- 1 łyżeczka soli, 1 łyżeczka czarnego pieprzu
- 1 szczypta sproszkowanego czosnku
- 1 łyżeczka mielonej gałki muszkatołowej
- 1 ½ łyżki mąki uniwersalnej
- ½ szklanki oleju kuchennego
- 1 średnia cebula; Pokrojony
- 1 szklanka sosu pomidorowego
- 1 średni pomidor; Obrane i pokrojone w plasterki
- 1 zielona papryka; Pokrojony

Wskazówki:

a) W dużej misce wymieszaj mieloną wołowinę z zmiękczaczem, sokiem z cytryny, jajkiem, cebulą, solą, wybranym pieprzem, czosnkiem i gałką muszkatołową.

b) Z sezonowanej wołowiny uformuj kilkanaście kulek wielkości łyżki stołowej.

c) W międzyczasie rozgrzej olej na dużej patelni na średnim ogniu. Obsmaż równomiernie klopsiki ze wszystkich stron, obracając je metalową łyżką.

d) Aby przygotować sos, włóż pozostały olej do dużej, czystej patelni i zrumienij całą pozostałą mąkę. Dodać cebulę, sos pomidorowy, pokrojony pomidor i zieloną paprykę.

e) Dodaj zarezerwowane zrumienione klopsiki mięsne, przykryj i zmniejsz ogień do wrzenia.

51. Klopsiki z przystawką z Dalekiego Wschodu

Składnik

- 1 puszka mielonki spamowej; (12 uncji)
- ⅔ szklanki suchej bułki tartej
- ½ szklanki posiekanych, dobrze odsączonych kiełków fasoli
- ¼ szklanki posiekanej zielonej cebuli
- ¼ łyżeczki sproszkowanego imbiru
- Świeżo zmielony czarny pieprz; do smaku
- Wybór koktajli

Sos do maczania

- 1 szklanka soku pomidorowego
- ¼ szklanki drobno posiekanej zielonej papryki
- ⅓ szklanki Drobno posiekanej zielonej cebuli
- ¼ łyżeczki mielonego imbiru

Wskazówki:

a) Połącz mielony spam z bułką tartą, kiełkami fasoli, cebulą, imbirem i pieprzem.

b) Uformuj mieszaninę w 24 kulki. Umieścić na stojaku w płytkiej formie do pieczenia; piec w piekarniku nagrzanym na 425 stopni 15 minut. Ochłodzić do temperatury pokojowej.

c) Nabijaj klopsiki na kilofach koktajlowych i zanurzaj w gorącym sosie z Dalekiego Wschodu.

d) Sos Dalekiego Wschodu: W małym rondlu wymieszaj wszystkie składniki. Doprowadzić do wrzenia; dusić bez przykrycia przez 5 minut. Podawać na gorąco.

52. Libańskie klopsiki

Składnik

- ½ szklanki posiekanej cebuli
- 3 łyżki masła
- 1 funt Mielona wołowina
- 1 jajko, ubite
- 2 kromki Chleba namoczonego w 1/2 s. mleko
- 1 łyżeczka soli
- ⅛ łyżeczki pieprzu
- 1 szklanka suchej bułki tartej
- 2 szklanki jogurtu naturalnego

a) Przygotowanie: Cebulę podsmaż na 1 łyżce masła, aż będzie przezroczysta.

b) Lekko ostudzić. Wymieszać z mięsem, jajkiem, pieczywem i przyprawami. Uformuj kulki o średnicy 1¼ cala i obtocz je w suchej bułce tartej. Powoli podsmaż na pozostałych 2 łyżkach masła. Odcedź wszystko oprócz 2 łyżek tłuszczu.

c) Delikatnie nałóż łyżką jogurt na klopsiki i wokół nich . Dusić przez 20 minut.
Podawać na gorąco z ryżem lub pilawem pszennym.

53. Kantońskie klopsiki mięsne

Składnik

- 1 funt Mielona wołowina
- ¼ szklanki mielonej cebuli
- 1 łyżeczka soli
- 1 łyżeczka pieprzu
- ½ szklanki mleka
- ¼ szklanki) cukru
- 1 ½ łyżki skrobi kukurydzianej
- 1 szklanka soku ananasowego
- ¼ szklanki octu
- 1 łyżeczka sosu sojowego
- 1 łyżka masła
- 1 szklanka pokrojonego selera
- ½ szklanki pokrojonej papryki
- ½ szklanki płatków migdałowych, podsmażonych

Wskazówki:

a) Uformuj 20 małych klopsików z połączonej wołowiny, cebuli, soli, pieprzu i mleka.

b) Połącz cukier i skrobię kukurydzianą; wymieszać z płynami i dodać masło.

c) Gotuj na małym ogniu, aż będzie klarowny, ciągle mieszając.

d) Dodać warzywa i delikatnie podgrzewać 5 minut.

e) Ułóż klopsiki na ugotowanym ryżu, polej sosem i posyp migdałami.

54. Świąteczne klopsiki koktajlowe

Składnik

- 1 ½ funta mielonej wołowiny
- 1 szklanka ryżu MINUTOWEGO
- 1 puszka (8 uncji) zmiażdżonego ananasa w soku
- ½ szklanki marchewki [drobno posiekanej]
- ½ szklanki cebuli [posiekanej]
- 1 jajko [ubite]
- 1 łyżeczka imbiru [mielonego]
- 8 uncji sos francuski
- 2 łyżki sosu sojowego

Wskazówki:

a) Wymieszaj wszystkie **składniki** z wyjątkiem 2 ostatnich w misce, a następnie uformuj 1-calowe klopsiki.

b) Ułożyć na natłuszczonej blasze do pieczenia i piec w nagrzanym piekarniku.

c) Wymieszaj sos sojowy i dressing.

d) Podawaj klopsiki na ciepło z dressingiem.

55. Żurawinowe klopsiki koktajlowe

Składnik

- 2 funty Chuck, ziemia
- 2 jajka
- ⅓ szklanki Catsupu
- 2 łyżki sosu sojowego
- ¼ łyżeczki pieprzu
- 12 uncji sosu chili
- 1 łyżka soku z cytryny
- 1 szklanka płatków kukurydzianych, bułka tarta
- ⅓ szklanki natki pietruszki, świeżej, posiekanej
- 2 łyżki cebuli, zielonej i posiekanej
- 1 każdy ząbek czosnku, wyciśnięty
- 16 uncji sosu żurawinowego
- 1 łyżka brązowego cukru

Wskazówki:

a) Połącz pierwsze 9 **składników** duża miska; dobrze wymieszać. Uformuj mieszaninę mięsa w 1-calowe kulki.

b) Umieścić w nienasmarowanej tłuszczem formie do galaretek o wymiarach 15x10x1. Piec bez przykrycia w temperaturze 500 F przez 8 - 10 minut.

c) Odcedź klopsiki, przełóż je do naczynia żaroodpornego i trzymaj w cieple.

d) Połącz sos żurawinowy z pozostałymi **składnikami** w rondelku. Gotuj na średnim ogniu, aż zacznie bąbelkować, od czasu do czasu mieszając; polać klopsiki. Podawać na ciepło.

56. Wino Klopsiki

Składnik

- Uchwyt 1½ funta, szlifowany
- ¼ szklanki Bułka tarta, przyprawiona
- 1 średnia cebula; posiekana
- 2 łyżeczki Chrzan, przygotowany
- 2 ząbki czosnku; zgnieciony
- ¾ szklanki Sok pomidorowy
- 2 łyżeczki Sól
- ¼ łyżeczki pieprzu
- 2 łyżki margaryny
- 1 średnia cebula; posiekana
- 2 łyżki mąki uniwersalnej
- 1 ½ szklanki bulionu wołowego
- ½ szklanki Wino, wytrawne czerwone
- 2 łyżki cukru, brązowy
- 2 łyżki Catsupu
- 1 łyżka stołowa Sok cytrynowy
- 3 Pierniki; rozdrobniony

Wskazówki:

a) Połącz pierwsze 8 składników , dobrze mieszając. Uformuj kulki o średnicy 1 cala; umieść w naczyniu do pieczenia o wymiarach 13 x 9 x 2 cale. Piec w temperaturze 450 stopni przez 20 minut. Wyjąć z piekarnika, odsączyć z nadmiaru tłuszczu.

b) Podgrzej margarynę duża patelnia; podsmaż cebulę do miękkości. Wymieszać z mąką; stopniowo dodawać bulion wołowy, ciągle mieszając. Dodaj pozostałe składniki .

c) Gotuj na małym ogniu 15 minut; dodać klopsiki, dusić 5 minut.

57. Chuletas

Składnik

- 2 funty mielonej wołowiny
- 2 kubki Natka pietruszki; Mielony
- 3 Żółta cebula; Mielony
- 2 jajka ; lekko pobity
- 1 łyżka stołowa Sól
- ½ szklanki Parmezan; Świeżo starty
- ½ łyżeczki sosu Tabasco
- 1 łyżeczka Czarnego pieprzu
- 3 filiżanki Bułka tarta
- Oliwa z oliwek

Wskazówki:

a) Wymieszaj wszystkie **składniki** oprócz okruchów. Formuj małe kulki wielkości koktajlu.

b) Obtocz kulki w bułce tartej. Dobrze się wyluzuj. Smażyć na oliwie z oliwek przez trzy do czterech minut. Przełożyć do naczynia żaroodpornego. Podawać z ulubioną salsą jako sos do maczania. Wychodzi około 15 sztuk na funt mielonej wołowiny.

58. Ocierające się klopsiki na imprezę

Składnik

- 1 funt Mielona wołowina
- ½ szklanki drobnej, suchej bułki tartej
- ⅓ szklanki cebuli; mielony
- ¼ szklanki mleka
- 1 Jajko; bity
- 1 łyżka świeżej pietruszki; mielony
- 1 łyżeczka soli
- ½ łyżeczki czarnego pieprzu
- 1 łyżka sosu Worcestershire
- ¼ szklanki tłuszczu warzywnego
- 1 butelka sosu chili o pojemności 12 uncji
- 1 10-uncjowy słoik galaretki winogronowej

Wskazówki:

a) Uformuj klopsiki o średnicy 1 cm. Ułóż na patelni elektrycznej w gorącym tłuszczu na średnim ogniu przez 10-15 minut lub do momentu zarumienienia. Odsącz na ręcznikach papierowych.

b) Połącz sos chili i galaretkę winogronową w średnim rondlu (lub tej samej patelni elektrycznej); dobrze wymieszać. Dodać klopsiki i dusić na małym ogniu przez 30 minut, od czasu do czasu mieszając.

c) Podawać z wykałaczkami wyjętymi z naczynia żaroodpornego, aby zachować ciepło

59. Gorące kanapki z klopsikami

Składnik

- 26 uncji sosu do spaghetti; podzielony
- ½ szklanki świeżej bułki tartej
- 1 mała cebula; drobno posiekane
- ¼ szklanki startego parmezanu lub sera Romano
- 1 jajko
- 1 łyżeczka suszonych płatków pietruszki
- 1 łyżeczka czosnku w proszku
- 1 funt Mielona wołowina
- 4 Włoskie bułeczki kanapkowe

Wskazówki:

a) Połącz wszystko.

60. Substytuty klopsikowo-bakłażanowe

Składnik

- 1 funt Mielona chuda wołowina
- 14 uncji Sos do spaghetti z bazylią; 1 słoik
- 1 średni bakłażan
- 4½ łyżki Oliwa z oliwek; Podzielony
- 1 średnia czerwona cebula
- ¼ funta grzybów
- 4 Bagietki; 6-8 cali długości
- 4 uncje Ser Provolone; 4 plasterki

Wskazówki:

a) Bakłażana pokroić w steki o grubości od ½ do ¾ cala i ułożyć na talerzu, posypać solą i odstawić na 30 minut.

b) Z mielonej wołowiny uformuj dwanaście klopsików o średnicy 1½ cala. Gotuj je w garnku na małym ogniu, często obracając, aby równomiernie się zarumieniły i zapobiegły sklejaniu. dodać sos do spaghetti. Pozostawić na wolnym ogniu, aby klopsiki były dobrze upieczone.

c) Podgrzej 3 łyżki oliwy z oliwek i delikatnie podsmaż bakłażana na średnim ogniu .

d) Posypać solą i pieprzem do smaku.

e) Gotuj przez 4 minuty, a następnie dodaj grzyby .

f) Bagietki przekrój wzdłuż i ułóż na dolnych kawałkach chleba cienką warstwę steków z bakłażana, a następnie przykryj 3 klopsikami.

g) Nałóż dużą ilość dodatkowego sosu do spaghetti i obficie rozprowadź cebulę i grzyby na klopsikach.

61. Kanapki bohaterskie z klopsikami

Składnik

- Nieprzywierający spray na bazie oleju roślinnego
- 1 ½ funta chudej mielonej wołowiny
- ½ szklanki startego parmezanu
- 2 jajka
- ¼ szklanki posiekanej świeżej pietruszki
- ¼ szklanki pokruszonych płatków kukurydzianych
- 3 ząbki czosnku; mielony
- 2 ½ łyżeczki suszonego oregano
- ½ łyżeczki mielonego białego pieprzu
- ½ łyżeczki soli
- 3 szklanki Zakupionego sosu marinara
- 6 Długie bułki włoskie lub francuskie; przecięty wzdłuż, opiekany
- 6 Porcje

Wskazówki:

a) Klasyczna kanapka, która z pewnością Cię zaspokoi, niezależnie od tego, czy jest podawana jako weekendowy lunch, czy też łatwa kolacja w tygodniu.

b) W dużej misce połącz mieloną wołowinę, starty parmezan, jajka, posiekaną świeżą pietruszkę, pokruszone płatki kukurydziane, posiekany czosnek, suszone oregano, mielony biały pieprz i sól i dokładnie wymieszaj.

c) Zwilżonymi rękami uformuj masę mięsną w krążki o średnicy 1,5 cala i ułóż na przygotowanym arkuszu, zachowując równe odstępy.

d) Piecz klopsiki, aż będą twarde w dotyku.

62. Substytuty klopsikowo-bakłażanowe

Składnik

- 1 funt Mielona chuda wołowina
- 14 uncji sosu do spaghetti z bazylią; 1 słoik
- 1 średni bakłażan
- $4\frac{1}{2}$ łyżki oliwy z oliwek; Podzielony
- 1 średnia czerwona cebula
- $\frac{1}{4}$ funta grzybów
- 4 bułki francuskie lub bagietki; 6-8 cali długości
- 4 uncje Ser Provolone; 4 plasterki

Wskazówki:

a) Bakłażana pokroić w steki o grubości od $\frac{1}{2}$ do $\frac{3}{4}$ cala i ułożyć na talerzu, posypać solą i odstawić na 30 minut.

b) Z mielonej wołowiny uformuj dwanaście klopsików o średnicy $1\frac{1}{2}$ cala. Gotuj je w garnku na małym ogniu, często obracając, aby równomiernie się zarumieniły i zapobiegły sklejaniu.

c) Cebulę pokroić w cienkie krążki, a grzyby pokroić w nieregularną kostkę i odłożyć na bok.

d) Dokładnie opłucz steki z bakłażana, a następnie osusz je. Rozgrzej 3 łyżki oliwy z oliwek i delikatnie podsmaż bakłażan na średnim ogniu,

e) Posypać solą i pieprzem do smaku. Zdjąć z ognia i pozostawić do odcieknięcia.

f) Gotuj przez 4 minuty, a następnie dodaj grzyby.

g) Bagietki przekrój wzdłuż i oddziel górę od dołu. Dolne kawałki chleba ułóż cienką warstwą steków z bakłażana, a następnie przykryj 3 klopsikami.

63. Zupa meksykańska z klopsikami tortilla

Składnik

- 1 ½ funta chudej mielonej wołowiny
- Warzywa

Wskazówki:

a) Mieloną wołowinę połączyć z kolendrą, czosnkiem, sokiem z limonki, kminkiem, ostrym sosem oraz solą i pieprzem. Uformuj kulki o masie 1 uncji.

b) Gotuj, aż zrumieni się ze wszystkich stron, około 5 minut.

c) Zupa: W dużym garnku rozgrzej 2 łyżki oleju roślinnego. Dodać cebulę i czosnek.

d) Dodaj chili i gotuj 2 minuty. Dodaj pomidory i ich sok, bulion z kurczaka, chili w proszku, kminek i ostry sos. Dusić przez 15 do 20 minut.

e) W małej misce połącz mąkę i bulion z kurczaka. Wlać do zupy. Doprowadź ponownie do wrzenia. Zmniejsz ogień i gotuj przez 5 minut. Dodać kulki mięsne i dusić kolejne 5 minut.

64. Zupa cytrynowa z klopsikami

Składnik

- 1 funt mielonej wołowiny
- 6 łyżek ryżu
- 1 łyżeczka papryki
- 1 łyżeczka suszonego cząbru
- Sól pieprz
- Mąka
- 6 filiżanek Woda
- 2 kostki bulionu wołowego
- ½ pęczka zielonej cebuli; pokrojony
- 1 Zielona papryka; posiekana
- 2 marchewki; obrane, pokrojone w cienkie plasterki
- 3 pomidory; obrane i posiekane
- 1 sm. żółte chili, podzielone
- ½ pęczka pietruszki; mielony
- 1 jajko
- 1 cytryna (tylko sok)

Wskazówki:

a) Połącz wołowinę, ryż, paprykę i cząber. Doprawić do smaku solą i pieprzem. Wymieszaj lekko, ale dokładnie. Formuj kulki o średnicy 1 cm, następnie obtaczaj w mące.

b) W dużym czajniku połącz wodę, kostki bulionowe, 1 łyżkę soli, 1 łyżeczkę pieprzu, zieloną cebulę, zieloną paprykę, marchewkę i pomidory. Przykryć, doprowadzić do wrzenia, zmniejszyć ogień i gotować 30 minut.

c) Dodać klopsiki, przykryć i ponownie zagotować. Zmniejsz ogień i gotuj 20 minut. Dodaj chili i gotuj na wolnym ogniu pod przykryciem przez 40 minut lub do momentu, aż ryż będzie ugotowany. Dodaj pietruszkę na ostatnie 5 minut gotowania.

65. Klopsiki nadziewane kuchnią śródziemnomorską

Składnik

- 1 duży bakłażan, obrany i pokrojony w kostkę
- 4 Pomidory obrane i pokrojone
- 4 łyżki świeżej pietruszki
- Sól i pieprz
- Czosnek, cebula i papryka
- Tymianek i gałka muszkatołowa
- ½ szklanki bulionu z kurczaka
- 1,5 funta mięsa mielonego
- 2 kromki chleba
- ⅓ szklanki parmezanu
- 1 jajko
- Brokuły, kalafior, cukinia
- Spaghetti lub inny makaron

Wskazówki:

a) Przygotuj sos: na oliwie podsmaż czosnek. Dodać cebulę i dalej smażyć.

b) Dodaj zieloną paprykę, cukinię, bakłażan i pomidory. Kontynuuj gotowanie; następnie dodać pietruszkę, sól i pieprz, tymianek i bulion z kurczaka.

c) Dodać roztopione masło, sól i pieprz, odstawić.

d) Formuj kulki i w środek każdej kulki wciśnij blanszowane warzywo.

e) Zanurzaj kulki w jajku, a następnie w bułce tartej i smaż w głębokim tłuszczu przez 6 do 8 minut, aż uzyskają złoty kolor.

66. Klopsiki nadziewane oliwkami

Składnik

- 1 łyżka masła
- 1 szklanka posiekanej cebuli
- 2 małe Ząbki czosnku, mielone
- $1\frac{1}{4}$ funta Mięso mielone
- $\frac{1}{2}$ szklanki miękkiej bułki tartej
- $\frac{1}{2}$ szklanki natki pietruszki, drobno posiekanej
- 1 duże jajko i 1 szklanka gęstej śmietanki
- 16 małych Nadziewane zielone oliwki
- $\frac{1}{4}$ szklanki oleju arachidowego
- 3 łyżki mąki
- $\frac{1}{2}$ szklanki wytrawnego białego wina i $1\frac{1}{2}$ szklanki bulionu z kurczaka
- 1 łyżka koncentratu pomidorowego
- 1 łyżka musztardy Dijon

Wskazówki:

a) Ugotuj cebulę i czosnek. Do miski włóż mięso, dodaj ugotowaną cebulę i czosnek, bułkę tartą, natkę pietruszki, jajko, połowę śmietany i gałkę muszkatołową. Dobrze wymieszaj. Podziel na 16 równych części.

b) Przygotować kulki, zawijając je w oliwkę.

c) Gotuj, często obracając, aby równomiernie się zarumieniły, około 5-10 minut.

d) Wsypać mąkę, a następnie dodać wino. Gotuj około 1 minuty. , mieszając. Dodaj klopsiki.

e) Pozostałą śmietanę i musztardę wymieszaj z sosem.

67. Kulki z kiszonej kapusty

Składnik

- 1 średnia cebula, posiekana
- 2 łyżki masła
- 1 puszka spamu (ziemia)
- 1 szklanka mielonej peklowanej wołowiny
- ¼ łyżeczki soli czosnkowej
- 1 łyżka musztardy
- 3 łyżki posiekanej natki pietruszki
- 2 szklanki kiszonej kapusty
- ⅔ szklanki mąki
- ½ szklanki bulionu wołowego lub kostki bulionowej rozpuszczonej w 1/2 szklanki wody
- 2 Jajka, dobrze ubite
- ½ szklanki bułki tartej
- ⅛ łyżeczki pieprzu

Wskazówki:

a) podsmaż na maśle, dodaj spam, peklowaną wołowinę. Gotuj 5 minut i często mieszaj. Dodać sól czosnkową, musztardę, pietruszkę, pieprz, kapustę kiszoną, $\frac{1}{2}$ szklanki mąki i bulion wołowy. Dobrze wymieszaj. Gotuj przez 10 minut.

b) Rozłóż na talerzu do ostygnięcia. Uformuj małe kulki. Obtaczamy w mące, maczamy w jajkach i panierujemy w bułce. Smażyć na głębokim tłuszczu w temperaturze 375 stopni na złoty kolor.

68. Włoski gulasz z klopsikami

Składnik

- 1 ½ funta chudej mielonej wołowiny
- ½ szklanki drobnej bułki tartej
- 2 Jajka, ubite
- ¼ szklanki mleka
- 2 łyżki startego parmezanu
- 1 łyżeczka soli/pieprzu
- ⅛ łyżeczki soli czosnkowej
- 2 Marchewki obrane i pokrojone
- 6 uncji koncentrat pomidorowy
- 1 szklanka bulionu wołowego
- ½ łyżeczki oregano
- 1 łyżeczka soli sezonowanej
- ½ łyżeczki bazylii
- 10 uncji mrożonego włoskiego stylu
- Warzywa częściowo Rozmrożone

Wskazówki:

a) Mięso wołowe wymieszać z bułką tartą, jajkami, mlekiem, serem, solą, solą czosnkową i pieprzem. Uformuj kulki o średnicy 2 cali. Wrzuć marchewki na dno garnka do wolnowaru.

b) Ułóż klopsiki mięsne na marchewce. Połącz koncentrat pomidorowy z wodą, bulionem, oregano, solą i bazylią. Polej mięso. Przykryj i gotuj na małym ogniu przez 4 do 6 godzin.

c) Przykryj i gotuj na wysokim ogniu przez 15 do 20 minut lub do momentu, aż warzywa będą miękkie.

69. Bułgarska zupa z klopsikami

Składnik

- 1 funt Mielona wołowina
- 6 łyżek ryżu
- 1 łyżeczka papryki
- 1 łyżeczka suszonego cząbru
- Sól pieprz
- 2 Kostki bulionowe wołowe
- ½ Pęczek zielonej cebuli; pokrojony
- 1 Zielona papryka; posiekana
- 2 Marchew; obrana, pokrojona w cienkie plasterki
- 3 Pomidory; obrane i posiekane
- 1 sm. żółte chili, podzielone
- ½ pęczek pietruszki; mielony
- 1 jajko
- 1 Cytryna (tylko sok)

Wskazówki:

a) Połącz wołowinę, ryż, paprykę i cząber. Doprawić do smaku solą i pieprzem.

b) Formuj kulki o średnicy 1 cm, następnie obtaczaj w mące.

c) W dużym czajniku połącz wodę, kostki bulionowe, 1 łyżkę soli, 1 łyżeczkę pieprzu, zieloną cebulę, zieloną paprykę, marchewkę i pomidory.

d) Przykryć, doprowadzić do wrzenia, zmniejszyć ogień i gotować 30 minut. Dodać klopsiki, przykryć i ponownie zagotować. Dodaj 1 do 2 łyżek gorącej zupy do mieszanki jajecznej, a następnie wymieszaj mieszaninę jajek z zupą.

e) Podgrzewaj i mieszaj, aż zupa lekko zgęstnieje, ale nie dopuść do wrzenia.

70. Orientalna sałatka z klopsikami

Składnik

- ½ szklanki mleka
- 2 Jajka
- 3 szklanki miękkiej bułki tartej
- 1 łyżeczka soli cebulowej
- 1 funt Mielona wołowina
- 2 łyżeczki oleju arachidowego
- 8¼ uncji Kawałki ananasa
- 2 Zielony pieprz
- 2 marchewki
- 2 Łodygi selera
- ½ szklanki brązowego cukru, zapakowane
- 2 łyżki skrobi kukurydzianej
- ½ szklanki wytrawnego białego wina, ½ szklanki octu
- 2 łyżki sosu sojowego
- 2 pomidory, kliny i szatkowana sałata

Wskazówki:

a) Jajka połączyć z mlekiem, dodać bułkę tartą, sól cebulową i $\frac{1}{8}$ łyżeczki pieprzu. Dodaj mieloną wołowinę i dobrze wymieszaj. Z powstałej mieszanki uformuj klopsiki. Gotuj klopsiki.

b) Połącz kawałki ananasa, zieloną paprykę, marchewkę, seler i klopsiki; odłożyć na bok.

c) W małym rondlu połącz brązowy cukier i skrobię kukurydzianą; wymieszaj $\frac{3}{4}$ szklanki płynu ananasowego, wino, ocet i sos sojowy. Gotuj i mieszaj, aż zgęstnieje i zacznie bulgotać. Wlać gorącą mieszaninę na masę klopsików.

71. Klopsiki zawijane w bekon

Składnik

- ½ funta Mielona wołowina
- ¼ szklanki Zimna woda
- 2 łyżeczki Zmielone cebule
- ½ łyżeczki Sól
- ¼ łyżeczki Przyprawiony pieprz
- 4 plasterki Boczek; przeciąć na pół w poprzek

Wskazówki:

a) Połącz pierwsze 5 **składników** , dobrze mieszając; uformować 8 klopsików. Owiń kawałki boczku wokół klopsików i zabezpiecz wykałaczkami.

b) smaż na średnim ogniu, aż boczek będzie chrupiący i brązowy; odsączyć tłuszcz. Jeśli klopsiki nie są gotowe, przykryj i gotuj na wolnym ogniu przez dodatkowe 5 do 7 minut.

MIESZANKA WIEPRZOWNI I WOŁOWINY

72. M jemy klopsiki w sosie śmietanowym

Składnik

- 8 uncji Chuda mielona wołowina okrągła
- 8 uncji Chuda mielona łopatka wieprzowa lub cielęca
- 1 mała żółta cebula; drobno posiekane
- $\frac{1}{2}$ łyżeczki soli, czarnego pieprzu
- $\frac{1}{4}$ łyżeczki suszonego tymianku; rozdrobniony
- $\frac{1}{4}$ łyżeczki majeranku lub oregano; rozdrobniony
- $\frac{1}{4}$ łyżeczki mielonej gałki muszkatołowej
- 1 $\frac{1}{2}$ szklanki świeżej bułki tartej
- 2 łyżki masła
- 2 łyżki mąki uniwersalnej
- 1 $\frac{1}{2}$ szklanki bulionu wołowego
- 2 łyżki posiekanego koperku -lub-
- 2 łyżeczki suszonego koperku
- $\frac{1}{2}$ szklanki gęstej lub lekkiej śmietany

Wskazówki:

a) W misce wymieszaj rękami wołowinę, wieprzowinę, cebulę, sól, pieprz, tymianek, majeranek, gałkę muszkatołową, bułkę tartą i wodę.

b) Uformuj mieszaninę w 2-calowe kulki. Smażyć z każdej strony lub do momentu, aż lekko się zarumieni.

c) Aby przygotować sos, rozpuść masło na ciężkiej 10-calowej patelni na umiarkowanym ogniu. Wymieszaj mąkę, aby uzyskać gładką pastę. Przełóż klopsiki do sosu.

d) Dodaj koperek, dodaj śmietanę i mieszaj, aż sos będzie gładki, około 1 minuty. Dodać szczyptę papryki i koperku. Podawać z ziemniakami lub makaronem jajecznym posmarowanym masłem.

73. Sopa de albondigas

Składnik

- 1 Siekana cebula
- 1 Mielony ząbek czosnku
- 2 łyżki oleju
- ¾ funta mielonej wołowiny
- ¾ funta mielonej wieprzowiny
- ⅓ szklanki surowego ryżu
- 1 ½ łyżeczki soli
- 4 uncje Sos pomidorowy
- 3 litry bulionu wołowego
- ¼ łyżeczki pieprzu
- 1 Lekko ubite jajko
- 1 łyżka posiekanych liści mięty

Wskazówki:

a) Zwiędnąć cebulę i czosnek w oleju; dodać sos pomidorowy i bulion wołowy. Ogrzać do temperatury wrzenia.

b) Mięso wymieszać z ryżem, jajkiem, miętą, solą i pieprzem; uformować małe kulki.

c) Wrzucić do gotującego się bulionu. Szczelnie przykryć i gotować 30 minut. Ładnie zamarznie.

74. Klopsiki na przystawkę chipotle

Składnik

- 1 średnia cebula; posiekana
- 4 Ząbki czosnku; posiekana
- 1 łyżka oleju roślinnego
- 1 szklanka sosu pomidorowego
- 2 szklanki bulionu wołowego
- ¼ szklanki Chipotles adobo wraz z sosem
- 1 funt Mielona wołowina
- 1 funt Mielone mięso wieprzowe
- ½ szklanki drobno posiekanej cebuli
- ¼ szklanki drobno posiekanej świeżej kolendry
- ½ szklanki bułki tartej
- 1 jajko; bity
- Sól i świeżo zmielony czarny pieprz
- Olej roślinny do smażenia

Wskazówki:

a) Na oliwie podsmaż cebulę i czosnek, aż lekko się zarumienią. Dodać sos pomidorowy, bulion i chipotle w sosie adobo.

b) Połącz wołowinę, wieprzowinę, cebulę, kolendrę, bułkę tartą, jajko i dopraw solą i pieprzem. Delikatnie wymieszaj, a następnie uformuj małe klopsiki.

c) Do głębokiego rondla wlać kilka łyżek oleju i podsmażyć klopsiki.

75. Kalifornijskie klopsiki i papryka

Składnik

- 3 łyżki oliwy z oliwek
- 1 duża czerwona papryka, wydrążona, pozbawiona nasion
- 1 duża zielona papryka, wydrążona i pozbawiona nasion
- 1 duża żółta papryka, wydrążona i pozbawiona nasion
- 1 duża cebula, pokrojona w krążki
- ⅓ funta mielonej wołowiny
- ⅓ funta mielonej wieprzowiny
- ⅓ funtów Mielona cielęcina
- 1 duże jajko
- ¼ szklanki drobnej, suchej bułki tartej
- ¼ szklanki posiekanej świeżej pietruszki
- 1 łyżeczka nasion kopru włoskiego, zmiażdżonych
- 1¼ łyżeczki soli
- ¼ łyżeczki czarnego pieprzu

- ½ szklanki czarnych oliwek bez pestek, przekrojonych na połówki

Wskazówki:

a) Na 12-calowej patelni na średnim ogniu podgrzej 1 łyżkę oliwy z oliwek, dodaj czerwoną, zieloną i żółtą paprykę oraz cebulę.

b) Połączyć Mieszankę Butcher's Blend, jajko, bułkę tartą, natkę pietruszki, nasiona kopru włoskiego, ¼ łyżeczki soli i czarnego pieprzu.

c) Uformuj mieszaninę w kulki o średnicy 1¼ cala. Gotuj.

76. Niemieckie klopsiki mięsne

Składnik

- 1 funt Wołowina, mielony
- 1 funt Wieprzowina, mielona
- 1 Cebula, starta
- ⅓ szklanki bułki tartej
- szczypta soli
- odrobina pieprzu
- odrobina gałki muszkatołowej
- 5 Białka ubić na sztywną pianę
- 3 szklanki wody
- 1 Cebula, drobno pokrojona
- 4 Liście laurowe
- 1 łyżka cukru
- 1 łyżeczka soli
- ½ łyżeczki ziela angielskiego i ziaren pieprzu
- ¼ szklanki octu estragonowego
- 1 łyżka mąki

- 5 Żółtka ubite
- 1 cytryna, pokrojona w plasterki
- kapary

Wskazówki:

a) Klopsiki: Wymieszać wszystkie **składniki**, na końcu dodając ubite białka. Uformuj kulki.

b) SOS: Gotuj pierwsze 6 **składników** przez 30 minut. Napięcie; doprowadzić do wrzenia, dodać klopsiki i dusić 15 minut.

c) Wyjmij kulki mięsne na gorący talerz, utrzymując je gorące. Dodaj ocet do płynu.

77. Skandynawskie klopsiki

Składnik

- Podstawowa mieszanka klopsików
- $\frac{1}{8}$ łyżeczki kardamonu; grunt
- 1 łyżka oleju roślinnego
- 1 $\frac{1}{4}$ szklanki Gotowy do podania bulion wołowy
- $\frac{1}{4}$ łyżeczki ziela koperkowego
- 1 łyżka skrobi kukurydzianej
- 2 łyżki wytrawnego białego wina
- 2 szklanki makaronu; gotowany

Wskazówki:

a) Połącz **składniki** podstawowej mieszanki klopsików z kardamonem, lekko, ale dokładnie mieszając. Z powstałej masy uformuj 12 klopsików.

b) Brązowe klopsiki w gorącym oleju na dużej patelni na średnim ogniu. Wylać krople. Do klopsików na patelni dodać bulion wołowy i koperek, wymieszać.

c) Doprowadzić do wrzenia; zredukować ciepło. Szczelnie przykryć i dusić 20 minut. Rozpuść skrobię kukurydzianą w białym winie. Dodaj na patelnię i kontynuuj smażenie, aż zgęstnieje, ciągle mieszając.

78. Belgijskie klopsiki duszone w piwie

Składnik

- 1 filiżanka Świeża bułka tarta z białego chleba
- ¼ szklanki mleko
- 1 funt Mielona wołowina, chuda
- ½ funta mielonej wieprzowiny lub cielęciny
- 1 duży jajko
- Warzywa i przyprawy
- Olej do gotowania
- 2 łyżki natki pietruszki, świeżej; garnirunek

Wskazówki:

a) Aby przygotować klopsiki, namocz bułkę tartą w mleku, aż dokładnie zwilżą; wycisnąć do sucha rękami.

b) W średniej misce połącz bułkę tartą, mięso mielone, jajka, szalotkę, pietruszkę, sól, pieprz i gałkę muszkatołową.

c) Uformuj mieszaninę w 6 do 8 kulek lub pasztecików (o średnicy 2 cali i grubości $\frac{1}{2}$ cala); oprószyć 2 łyżkami mąki.

d) Rozgrzej masło i olej w głębokim, ciężkim holenderskim piekarniku, aż będą gorące, ale nie dymiące, na dużym ogniu. Dodaj klopsiki; smaż, aż zrumieni się ze wszystkich stron, około 5 minut, upewniając się, że masło się nie pali. Wyjmij kulki mięsne na talerz; trzymaj się ciepło.

Klopsiki z indyka i kurczaka

79. Pieczone rigatoni i klopsiki

Składnik

- 3½ szklanki makaronu Rigatoni
- 1⅓ szklanki mozzarelli, posiekanej
- 3 łyżki parmezanu, świeżo startego
- 1 funt Chudy mielony indyk

Wskazówki:

a) Klopsiki: W misce lekko ubij jajko; wymieszać z cebulą, bułką tartą, czosnkiem, parmezanem, oregano, solą i pieprzem. Wymieszać z indykiem.

b) Z czubatych łyżek formuj kulki.

c) Na dużej patelni rozgrzej olej na średnim ogniu; smaż klopsiki, w razie potrzeby partiami, przez 8-10 minut lub do momentu, aż będą rumiane ze wszystkich stron.

d) Na patelnię dodaj cebulę, czosnek, grzyby, zieloną paprykę, bazylię, cukier, oregano, sól, pieprz i wodę; gotować na średnim ogniu, od czasu do czasu mieszając, przez około 10 minut lub do momentu, aż warzywa zmiękną. Wymieszaj pomidory i koncentrat pomidorowy; doprowadzić do wrzenia. Dodaj klopsiki

e) W międzyczasie w dużym garnku z wrzącą, osoloną wodą ugotuj rigatoni . Przenieś do naczynia do pieczenia o wymiarach 11 x 7 cali lub płytkiej zapiekanki piekarnika na 8 filiżanek.

f) równomiernie mozzarellą , a następnie parmezanem. Upiec

80. Pieczone penne z klopsikami z indyka

Składnik

- 1 funt Mielony indyk
- 1 duży ząbek czosnku; mielony
- ¾ szklanki świeżej bułki tartej
- ½ szklanki drobno posiekanej cebuli
- 3 łyżki orzeszków piniowych; Opieczony
- ½ szklanki posiekanych świeżych liści pietruszki
- 1 duże jajko; lekko pobity
- 1 łyżeczka soli
- 1 łyżeczka Czarnego pieprzu
- 4 łyżki oliwy z oliwek
- 1 funt Penne
- 1 ½ szklanki grubo startego sera mozzarella
- 1 szklanka świeżo startego sera romano
- 6 szklanek sosu pomidorowego
- 1 pojemnik; (15 uncji) sera ricotta

Wskazówki:

a) W misce dobrze wymieszaj indyka, czosnek, bułkę tartą, cebulę, orzeszki piniowe, pietruszkę, jajko, sól i pieprz, uformuj klopsiki i gotuj.

b) Ugotuj makaron

c) W małej misce wymieszaj mozzarellę i Romano. Do przygotowanego naczynia włóż około $1\frac{1}{2}$ szklanki sosu pomidorowego i połowę klopsików, a na wierzch wyłóż połowę makaronu.

d) Połóż połowę pozostałego sosu i połowę sera na makaronie. Na wierzch ułóż pozostałe klopsiki i ułóż na nich kawałki ricotty. Piec penne w środku piekarnika od 30 do 35 minut.

81. Klopsiki i makaron na skróty

Składnik

- 1 Cebula drobno pokrojona
- 1 filiżanka Seler pokrojony w kostkę
- 2 Marchew; wycinaj w dowolny sposób, aż do 3
- 2 łyżki stołowe Puree pomidorowe
- 3 filiżanki Woda
- Sól
- Pieprz
- Liść laurowy
- 2 łyżki stołowe Olej; do 3
- 1 funt Mięso mielone; (najlepszy jest indyk)
- 1 plasterek Chala namoczona; odsączone i zmiksowane
- 3 Jajka
- Trochę mąki

Wskazówki:

a) Sos: w dużym garnku rozgrzać oliwę, dodać cebulę, seler, marchew, przecier pomidorowy, wodę i przyprawy, dusić. W międzyczasie przygotuj klopsiki.

b) Klopsiki: Połącz i uformuj klopsiki około 12-14 sztuk. Obtaczamy w mące i wrzucamy do wrzącego sosu. Gotuj przez 40 minut na małym ogniu. Upewnij się, że masz wystarczającą ilość płynów, będą one potrzebne do makaronu.

c) Gotuj 250-400 ($\frac{1}{2}$-⅔ funta) krótkiego makaronu przez ⅔ zalecanego czasu. Piec 20-30, aż będzie gorące

82. Norweskie klopsiki z kurczaka

Składnik

- 1 funt Mielony kurczak
- 4½ łyżeczki skrobi kukurydzianej; podzielony
- 1 duże jajko
- 2¼ szklanki bulionu z kurczaka; podzielony
- ¼ łyżeczki soli
- ½ łyżeczki Świeżo startej skórki z cytryny
- 2 łyżki posiekanego świeżego koperku; podzielony
- 4 uncje ser Gjetost; pokroić w kostkę o średnicy 1/4 cala
- 4 szklanki gorącego ugotowanego makaronu jajecznego

Wskazówki:

a) Pokonaj jajko; dodaj niepełne ¼ szklanki bulionu i 1¼ łyżeczki skrobi kukurydzianej. Mieszaj, aż będzie gładkie. Dodać skórkę z cytryny i 1 łyżkę świeżego koperku. Do tej mieszanki dodaj mielonego kurczaka.

b) Doprowadź dwie szklanki bulionu do wrzenia na patelni o średnicy 10 lub 12 cali.

c) Delikatnie wrzucaj łyżki mieszanki z kurczakiem do gotującego się bulionu.

d) Przygotuj sos: Wymieszaj pozostałą 1 łyżkę skrobi kukurydzianej z 2 łyżkami zimnej wody. Wlać do gotującego się bulionu i gotować kilka minut, aż nieco zgęstnieje. Dodajemy pokrojony w kostkę ser i cały czas mieszamy, aż ser się rozpuści.

e) Podczas gdy kurczak się gotuje, przygotuj makaron i trzymaj go w cieple.

f) Wróć kulki z kurczaka do sosu.

83. Spaghetti z klopsikami z indyka

Składnik

- ¾ funta Mielona pierś indyka bez skóry lub mielony indyk
- ¼ szklanki startej marchewki
- ¼ szklanki posiekanej cebuli
- ¼ szklanki suchej bułki tartej
- 1 łyżka posiekanej świeżej bazylii LUB 1 łyżeczka suszonych liści bazylii
- 2 łyżki odtłuszczonego mleka
- ½ łyżeczki soli; w razie potrzeby
- ¼ łyżeczki pieprzu
- 1 ząbek czosnku; zgnieciony
- 3 szklanki Gotowego sosu do spaghetti
- 2 szklanki gorącego ugotowanego spaghetti lub dyni spaghetti
- Tarty parmezan; w razie potrzeby

Wskazówki:

a) W średniej misce wymieszaj mielonego indyka, marchewkę, cebulę, bułkę tartą, bazylię, mleko, sól, pieprz i czosnek; Dobrze wymieszać. Uformuj mieszankę z indyka w centymetrowe kulki.

b) W dużym rondlu wymieszaj klopsiki z sosem. Okładka; smaż na średnim ogniu przez 10 do 15 minut, aż klopsiki przestaną być różowe w środku, od czasu do czasu mieszając.

c) Podawać z ugotowanym spaghetti lub dynią spaghetti. Posyp parmezanem.

84. Francuskie klopsiki

Składnik

- 1 funt Mielony kurczak lub indyk
- ½ szklanki bułki tartej
- 1 jajko
- 1 łyżeczka płatków pietruszki
- ½ łyżeczki proszku cebulowego
- ¼ łyżeczki soli
- ⅛ łyżeczki pieprzu
- ⅛ łyżeczki gałki muszkatołowej
- 2 łyżki oleju roślinnego
- 1 słoiczek sosu do gotowania kurczaka
- ¼ łyżeczki soli
- ¼ łyżeczki pieprzu
- 1 ½ szklanki mrożonego groszku
- ½ szklanki kwaśnej śmietany
- 8 uncji Szeroki makaron jajeczny, ugotowany i odsączony

Wskazówki:

a) W dużej misce wymieszaj mielonego kurczaka, bułkę tartą, jajko, natkę pietruszki, cebulę w proszku, $\frac{1}{4}$ łyżeczki soli, $\frac{1}{8}$ łyżeczki pieprzu i gałkę muszkatołową. Uformuj klopsiki o średnicy $1\frac{1}{2}$ cala.

b) Zrumienić klopsiki ze wszystkich stron w oleju roślinnym; spuścić tłuszcz. Dodać sos, $\frac{1}{4}$ łyżeczki soli, $\frac{1}{8}$ łyżeczki pieprzu i groszek.

c) Gotować na wolnym ogniu pod przykryciem przez 30 minut lub do momentu, aż klopsiki będą dokładnie ugotowane; od czasu do czasu zamieszaj. Dodaj śmietanę.

85. Indyk i farsz klopsiki

Składnik

- ½ szklanki mleko
- 1 jajko
- 1 filiżanka Mieszanka farszu do chleba kukurydzianego
- ¼ szklanki Drobno posiekany seler
- 1 łyżeczka Sucha musztarda
- 1 funt Mielony indyk
- 1 Puszka 16-uncjowego sosu żurawinowego w galaretce
- 1 łyżka stołowa brązowy cukier
- 1 łyżka stołowa sos Worcestershire

Wskazówki:

a) Rozgrzej piekarnik do 375 stopni F. W dużej misce połącz mleko i jajko; dobrze pokonać.

b) Wymieszaj farsz, seler i musztardę; dobrze wymieszać. Dodaj indyka; Dobrze wymieszać.

c) Uformuj 48 (1-calowych) kulek. Umieścić w nienatłuszczonej formie do pieczenia o wymiarach 15 x 10 x 1 cala.

d) Piec w temperaturze 375 stopni przez 20 do 25 minut lub do momentu, aż klopsiki będą rumiane i nie będą już różowe w środku.

e) W międzyczasie w dużym rondlu wymieszaj wszystkie **składniki sosu** ; Dobrze wymieszać. Doprowadzić do wrzenia na średnim ogniu. Zmniejsz ogień do niskiego; dusić 5 minut, od czasu do czasu mieszając. Dodaj klopsiki do sosu; delikatnie wymieszać do pokrycia.

86. Pulpety nadziewane serem

Składnik

- 1 łyżka stołowa Oliwa z oliwek
- 2 łyżki stołowe Siekana cebula
- 8 uncji Chuda mielona wołowina lub indyk
- 1 łyżka stołowa Sos sojowy
- ¼ łyżeczki Suszona szałwia
- 4 uncje Ser Cheddar lub Szwajcarski; pokroić w 8 kostek

Wskazówki:

a) Rozgrzej piekarnik do 325F.

b) Nasmaruj płytką formę do pieczenia odrobiną oliwy z oliwek lub sprayem do patelni.

c) Rozgrzej olej na patelni na umiarkowanym ogniu, aż będzie gorący, ale nie dymiący. Dodaj cebulę i smaż na złoty kolor, około 10 minut.

d) Połącz cebulę, wołowinę, sos sojowy i szałwię. Podziel mieszaninę na osiem porcji. Oderwij kawałek sera i przykryj jedną porcją mieszanki, tak aby powstał kształt klopsika. Powtórz tę czynność, aby uformować w sumie osiem klopsików.

e) Ułóż klopsiki na natłuszczonej patelni i piecz przez 30 minut.

87. Kulki sałatkowe z kurczakiem

Składnik

- 1 szklanka posiekanego kurczaka
- 1 łyżka posiekanej cebuli
- 2 łyżki papryki; posiekana
- $\frac{1}{2}$ szklanki majonezu
- 1 szklanka posiekanych orzechów pekan

Wskazówki:

a) Wszystko razem wymieszaj i dobrze wymieszaj. Schłodź 4 godziny.

b) Uformuj kulkę o średnicy 1 cala.

KLOPSKI WIEPRZOWE

88. Placki z mozzarellą i spaghetti

Składnik

- 2 Ząbki czosnku
- 1 pęczek świeżej pietruszki
- 3 Cebula sałatkowa; cienko pokrojony
- 225 gramów chudej mielonej wieprzowiny
- 2 łyżki świeżo startego parmezanu
- 1 łyżka oliwy z oliwek
- 150 gramów spaghetti lub tagliatelle
- 100 mililitrów gorącego bulionu wołowego
- 1 Puszka posiekanych pomidorów 400 gramów
- 1 szczypta cukru i 1 kropla sosu sojowego
- Sól i pieprz
- 1 jajko
- 1 łyżka oliwy z oliwek
- 75 mililitrów Mleko
- 50 gramów mąki zwykłej
- 150 gramów wędzonej mozzarelli

- Olej słonecznikowy; do smażenia
- 1 Cytryna

Wskazówki:

a) Czosnek rozgniatamy, a natkę pietruszki drobno siekamy. Wymieszaj mięso mielone, cebulę sałatkową, czosnek, parmezan, pietruszkę oraz dużą ilość soli i pieprzu.

b) Uformuj osiem twardych kulek.

c) Smażyć klopsiki, aż będą dobrze rumiane. Wlać bulion.

d) Makaron ugotuj w dużym garnku z wrzącą, osoloną wodą.

89. Walijskie klopsiki z grilla

Składnik

- 1 funt Wątroba wieprzowa
- 2 funty Chuda mielona wieprzowina
- 4 uncje (1/2 szklanki) bułki tartej
- 2 Drobno posiekana duża cebula
- 2 łyżeczki szałwii
- 2 łyżeczki tymianku
- 2 łyżeczki suszonej pietruszki
- 1 szczypta gałki muszkatołowej
- Sól i pieprz do smaku
- 3 uncje Łój
- Mąka do podsypania g

Wskazówki:

a) Drobno posiekaj wątrobę (łatwiej zrobić, jeśli jest zamrożona) i spłucz wodą.

b) Dodać mieloną wieprzowinę, bułkę tartą, cebulę, szałwię, tymianek, pietruszkę, gałkę muszkatołową oraz sól i pieprz. Na dno naczynia wsyp odrobinę mąki, dodaj łój i lekko obtocz.

c) Formuj kulki większe niż klopsiki, ale mniejsze niż piłka tenisowa. Użyj nieprzywierającego sprayu do gotowania, aby nasmarować spryskane naczynie żaroodporne o powierzchni 12 cali kwadratowych. Ułóż klopsiki w naczyniu i przykryj folią. Piec w piekarniku nagrzanym do 400 stopni przez 40 minut.

d) Zdjąć folię i osączyć z tłuszczu. Zagęścić tłuszcz mąką lub skrobią kukurydzianą, aby zrobić sos, dodawać zagęszczacz po około 1 łyżeczce na raz, aby uzyskać odpowiednią konsystencję i polewać mięso częścią sosu.

90. Chrupiące niemieckie klopsiki

Składnik

- ½ funta mielonej kiełbasy wieprzowej
- ¼ szklanki posiekanej cebuli
- 1 puszka 16 Oz kiszonej kapusty, odcedź i posiekaj
- 2 łyżki bułki tartej, suchej i drobnej
- 1 opakowanie Serka śmietankowego, zmiękczyć
- 2 łyżki natki pietruszki
- 1 łyżeczka przygotowanej musztardy
- ¼ łyżeczki soli czosnkowej
- ⅛ łyżeczki pieprzu
- 1 szklanka majonezu
- ¼ szklanki przygotowanej musztardy
- 2 jajka
- ¼ szklanki mleka
- ½ szklanki mąki
- 1 szklanka bułki tartej, ok

- Warzywa olej

Wskazówki:

a) Połącz kiełbasę i cebulę na patelni & bułka tarta.

b) Połącz ser i kolejne 4 **składniki** w misce; dodać masę kiełbasianą, dobrze wymieszać.

c) Z mieszanki kiełbasowej uformuj kulki o średnicy $\frac{3}{4}$ cala; obtocz w mące. Zanurz każdą kulkę w zarezerwowanej mieszance jajecznej; obtocz kulki w bułce tartej.

d) Wlać olej na głębokość 2 cali do piekarnika; podgrzać do 375 stopni. Smażyć na złoty kolor.

91. Meksykańskie kulki mięsne

Składnik

- 500 gramów mielonej wołowiny; (1 lb)
- 500 gramów mielonej wieprzowiny; (1 lb)
- 2 Ząbki czosnku; zgnieciony
- 50 gramów Świeża biała bułka tarta; (2 uncje)
- 1 łyżka świeżo posiekanej natki pietruszki
- 1 jajko
- Sól i świeżo zmielony czarny pieprz
- 2 łyżki oleju
- Przyprawa do taco o pojemności 1 275 gramów
- 50 gramów Ser Cheddar; tarty (2 uncje)

Wskazówki:

a) Wymieszaj mięso z czosnkiem, bułką tartą, natką pietruszki, jajkiem i przyprawami i uformuj 16 kulek.

b) Na patelni rozgrzej olej i smaż klopsiki partiami, aż się zrumienią.

c) Przełóż do naczynia żaroodpornego i polej taco. Przykryj i piecz w nagrzanym piekarniku 180 C, 350 F, gaz Mark 4 przez 30 minut.

d) Posypać startym serem i ponownie wstawić do piekarnika bez przykrycia i piec przez kolejne 30 minut.

92. Jem kulki w galarecie winogronowej

Składnik

- 1 szklanka bułki tartej; miękki
- 1 szklanka mleka
- 2 funty Mielona wołowina
- ¾ funta Mielona wieprzowina; pochylać się
- ½ szklanki cebuli; drobno posiekane
- 2 jajka; bity
- 2 łyżeczki soli
- 1 łyżeczka pieprzu
- ½ łyżeczki gałki muszkatołowej
- ½ łyżeczki ziela angielskiego
- ½ łyżeczki kardamonu
- ¼ łyżeczki imbiru
- 2 łyżki ociekającego boczku; lub olej sałatkowy
- 8 uncji Galaretka winogronowa

Wskazówki:

a) Namoczyć bułkę tartą w mleku na godzinę. Połącz mieloną wołowinę, wieprzowinę i cebulę. Dodać jajka, mleko, mieszankę bułki tartej. Dodać sól, pieprz i przyprawy.

b) Dobrze wymieszaj i ubijaj widelcem. Schłodź jedną do dwóch godzin. Formuj małe kulki, obtaczaj je w mące i smaż na odrobinie boczku lub oleju. Potrząsaj patelnią lub ciężką patelnią, aby obtoczyć kulki mięsne w gorącym tłuszczu.

c) Umieścić w garnku z 1 dużym słoikiem galaretki winogronowej i gotować na WOLNOŚCI przez godzinę.

93. Pikantne tajskie klopsiki z makaronem

Składnik

- 1 funt Mielone mięso wieprzowe
- 1 duże jajko
- ½ szklanki prażonych na sucho orzeszków ziemnych, drobno posiekanych
- ¼ szklanki posiekanej świeżej kolendry lub pietruszki
- ¾ łyżeczki soli
- 1 Opakowanie 3 3/4 uncji makaronu celofanowego
- ½ szklanki masła orzechowego typu Chunk
- 1 łyżka startej skórki z cytryny
- ¼ łyżeczki mielonego czerwonego pieprzu cayenne
- 1 mały ogórek, pokrojony w plasterki
- 1 mała marchewka, obrana i pokrojona w cienkie plasterki lub pokrojona w cienkie słupki
- Olej roślinny Świeża kolendra lub gałązki pietruszki,

Wskazówki:

a) Połącz wieprzowinę, jajko, zmielone orzeszki ziemne, posiekaną kolendrę i sól.

b) Uformuj mieszaninę w kulki o średnicy 1 cala. Na 12-calowej patelni na średnim ogniu rozgrzej 2 łyżki oleju; dodaj klopsiki. Smaż około 12 minut, często obracając, aż mięso będzie dobrze rumiane ze wszystkich stron.

c) W międzyczasie dodaj makaron.

d) Gdy klopsiki się ugotują, dodaj masło orzechowe, startą skórkę z cytryny i zmielony czerwony pieprz.

94. Azjatycka zupa z klopsikami

Składnik

- 2 litry bulionu z kurczaka
- ¼ funta mielonej wieprzowiny
- 1 łyżka mielonego szalotki
- 1 łyżka sosu sojowego
- 1 łyżeczka drobno posiekanego imbiru
- 1 łyżeczka oleju sezamowego

Roladki z Krewetek:

- ¼ funta mielonych krewetek
- ½ szklanki makaronu celofanowego, ugotowanego
- 1 ½ łyżeczki sosu sojowego
- 1 łyżeczka mielonego szalotki
- 1 łyżeczka mielonego czosnku
- 6 Liście kapusty pekińskiej
- 6 Długie zielone cebulki
- Posiekane szalotki, np Garnirunek

Wskazówki:

a) W garnku do zupy powoli podgrzej bulion z kurczaka, aż zacznie się gotować. Zrób klopsiki: połącz **składniki** i uformuj kulki o średnicy ⅓ cala.

b) Przygotuj bułki z krewetkami: połącz krewetki i kolejne 4 **składniki**. Rozłóż liście kapusty, na środku ułóż 1½ łyżki nadzienia i złóż jak bułkę jajeczną; mocno zawiązać cebulką.

c) Ostrożnie wrzucaj klopsiki i bułki krewetkowe do gotującego się bulionu. Gotuj na małym ogniu, 15 minut.

d) Wrzuć posiekane szalotki do garnka z zupą, dopraw do smaku i podawaj.

95. Włoska kanapka z klopsikami

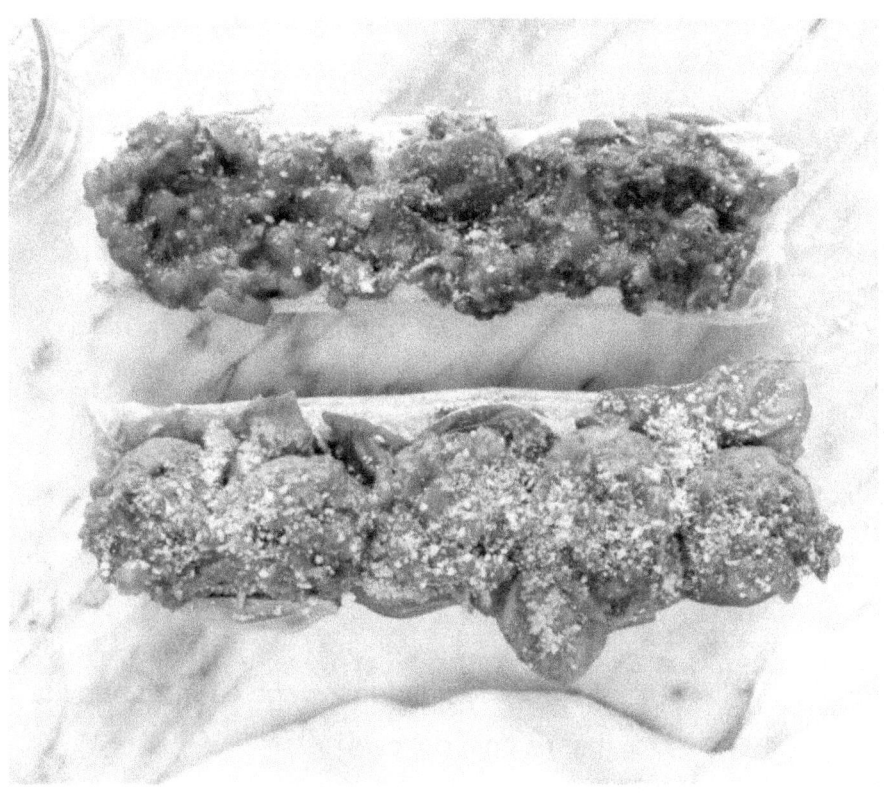

Składnik

- 1 funt Uchwyt okrągły lub szlifowany
- ½ funta mielonej wieprzowiny
- 1 ½ szklanki startego sera
- 2 szklanki drobnej, suchej bułki tartej
- Garść suszonej, posiekanej natki pietruszki
- 2 jajka
- ¾ szklanki mleka
- Sól pieprz
- 1 litr sosu pomidorowego i 1 mała puszka pasty pomidorowej
- 1 litr Całe pomidory, zmiażdżone
- czerwone wino
- Solona wieprzowina
- Sól, pieprz, sól czosnkowa do smaku
- Suszona słodka bazylia, Suszony majeranek

- 4 Ząbki czosnku, posiekane

Wskazówki:

a) Przygotuj sos

b) Przygotuj klopsiki: Umieść wszystkie **składniki** oprócz mleka w dużej misce i dobrze wymieszaj.

c) Z małej porcji mieszanki mięsnej uformuj kulkę o średnicy około 2 cali. Usmaż je na zewnątrz, aż uzyskają ładną skórkę.

96. Duńskie klopsiki mięsne

Składnik

- ½ funta cielęciny
- ½ funta wieprzowiny
- 1 gram cebuli
- 2 szklanki mleka
- pieprz do smaku
- 2 łyżki mąki lub 1 szklanka bułki tartej
- 1 jajko
- Sól dla smaku

Wskazówki:

a) Przełóż cielęcinę i wieprzowinę przez młynek 4 lub 5 razy. Dodać mąkę lub bułkę tartą, mleko, jajko, cebulę, sól i pieprz. Dokładnie wymieszać.

b) Zrzucamy na patelnię dużą łyżką i smażymy na małym ogniu.

c) Podawać z zasmażanym masłem, ziemniakami i duszoną kapustą.

97. Indonezyjskie klopsiki

Składnik

- 500 gramów mielonej wieprzowiny
- 1 łyżeczka startego świeżego korzenia imbiru
- 1 Cebula; bardzo drobno posiekane
- 1 Jajko; bity
- ½ szklanki świeżej bułki tartej
- 1 łyżka oleju
- 1 cebula; pokrojone w kostkę
- 1 Ząbek czosnku; zgnieciony
- 1 łyżeczka startego świeżego korzenia imbiru
- ¼ łyżeczki mielonej kolendry
- 1 puszka kremu Nestle o zmniejszonej zawartości
- 2 łyżki drobnego kokosa
- 4 łyżeczki sosu sojowego
- ¼ szklanki chrupiącego masła orzechowego

Wskazówki:

a) Połączyć mielone mięso wieprzowe, korzeń imbiru, cebulę, jajko i bułkę tartą. Dobrze wymieszaj.

b) Dodaj klopsiki i smaż, aż będą całe złociste.

c) Na patelnię włóż masło. Dodaj cebulę i smaż przez 2-3 minuty.

d) Dodaj czosnek, curry z korzenia imbiru i mieloną kolendrę.

e) Dodać zredukowaną ryzę, wodę i kokos. Mieszaj, aż masa będzie gładka, a następnie dodaj sos sojowy i masło orzechowe. Dodaj klopsiki.

98. Kulki szynkowo-burgerowe z batatami

Składnik

- 2 szklanki mielonej szynki; (około 1/2 funta)
- ½ funta Uchwyt szlifowany
- 1 szklanka bułki tartej pełnoziarnistej
- 1 Jajko; bity
- ¼ szklanki mielonej cebuli
- 2 łyżki solonych nasion słonecznika -LUB-
- ½ łyżeczki soli
- 2 puszki (po 23 uncje) ignamów; odsączamy i kroimy w kostkę
- ½ szklanki ciemnego syropu kukurydzianego
- ½ szklanki soku jabłkowego lub soku ananasowego
- ¼ łyżeczki gałki muszkatołowej
- 1 łyżka skrobi kukurydzianej

Wskazówki:

a) Dokładnie wymieszaj mięso mielone, bułkę tartą, jajko, cebulę i nasiona słonecznika.

b) Uformuj od 12 do 16 klopsików. Umieścić na ruszcie w patelni z brojlerami. Piec klopsiki w piekarniku nagrzanym do 425 stopni przez 15 minut.

c) Umieść bataty w Crock-Pot. Połącz syrop kukurydziany, sok i gałkę muszkatołową i polej połowę batatów. Ułóż zarumienione klopsiki na batatach i polej pozostałym sosem. Przykryj i gotuj na poziomie niskim przez 5 do 6 godzin.

d) Przenieś klopsiki do naczynia do serwowania; umieść bataty w misce i trzymaj w cieple. Wmieszaj skrobię kukurydzianą do sosu. Przykryj i gotuj na poziomie Wysokim, aż zgęstnieje; polej bataty przed podaniem.

99. Zupa z klopsików imbirowych i rzeżuchy

Składnik

- 1 puszka (8 uncji) kasztanów wodnych
- 1 funt Drobno mielona chuda wieprzowina
- 4½ łyżeczki obranego i posiekanego świeżego imbiru
- 1 Zmielony biały pieprz do smaku
- 1 ½ łyżeczki sosu sojowego
- 2⅛ łyżeczki skrobi kukurydzianej
- Sól dla smaku
- 5 szklanek bulionu warzywnego
- 5 szklanek bulionu z kurczaka
- 1 Sól
- 1 Świeżo zmielony czarny pieprz
- 2 Pęczki rzeżuchy, posiekane
- 3 Zielona cebula, drobno posiekana

Wskazówki:

a) Klopsiki: Drobno posiekaj 12 kasztanów wodnych. Pozostałe zarezerwuj do dekoracji. Połącz wieprzowinę, imbir, posiekane kasztany wodne, sos sojowy, skrobię kukurydzianą, sól i pieprz. Dobrze wymieszaj i uformuj kulki o średnicy ¾ cala.

b) Zupa: W dużym garnku zagotuj bulion warzywny i bulion drobiowy. Do bulionu włóż jedną czwartą klopsików i gotuj, aż wypłyną na wierzch.

c) Dopraw solą i czarnym pieprzem do smaku. Zmień temperaturę na średnio niską. Dodaj rzeżuchę i zieloną cebulę.

d) Gotuj bez przykrycia przez kilka minut, aż rzeżucha lekko zwiędnie.

100. Duńskie klopsiki z sałatką z ogórka

Składnik

- 1 ½ funta Mielona Cielęcina i Wieprzowina
- 1 Cebula
- 2 łyżki stołowe Mąka
- 2 łyżki stołowe Bułka tarta ; suchy
- 2 Jajka
- Sól pieprz

Do sałatki z ogórków

- 1 Ogórek
- 2 kubki Ocet
- 2 szklanki cukru
- 2 kubki Woda
- Sól pieprz

Wskazówki:

a) Do miski włóż mieloną cielęcinę i wieprzowinę, dodaj jajko, mąkę i suchą bułkę tartą.

b) Całość wymieszaj i dodaj drobno posiekaną cebulę. Dodaj sól i pieprz do smaku. Na rozgrzaną patelnię włóż masło.

c) Smażyć klopsiki. Podawać z duńskim ciemnym pieczywem i masłem oraz sałatką z ogórków.

WNIOSEK

Większości z nas klopsiki kojarzą się z klasyką kuchni włosko-amerykańskiej: wolno duszonym sosem marinara pokrywającym kulki pachnące oregano, ułożone na spaghetti. Ale klopsiki pojawiają się także w kuchni innych kultur, od Bliskiego Wschodu po Azję Południowo-Wschodnią. W końcu klopsiki często wykorzystują mniej pożądane kawałki mięsa – takie, które wymagają drobnego posiekania i mnóstwa dodatków, aby można było się nimi delektować – dlatego kucharze na całym świecie zdali sobie sprawę, że jest to idealny sposób na wykorzystanie dodatkowych kawałków twardego mięsa. , tłusta łopatka wieprzowa.

Niezależnie od tego, na jaki smak aktualnie masz ochotę, prawdopodobnie można go dostosować do składu mięsa, chleba, jajek i soli. Tak naprawdę do zrobienia klopsika nie potrzeba nawet mięsa. Mamy kulę wegetariańską, z której jesteśmy naprawdę dumni!

www.ingramcontent.com/pod-product-compliance
Lightning Source LLC
Chambersburg PA
CBHW070508120526
44590CB00013B/779